経営は
無理をせよ、
無茶はするな

オーバーエクステンション
戦略のすすめ

伊丹敬之 HIROYUKI ITAMI

日本経済新聞出版

はしがき

この本のテーマであるオーバーエクステンション戦略とは、自分に十分な実力がないことを承知の上で、あえて新しい事業活動に挑戦するという戦略である。その挑戦の過程で、実力不足の苦しみのなかで現場が学習し、その学習の結果として企業の能力基盤の大きな拡大につながる。だから、オーバーエクステンションは、多くの企業が成長の踊り場での挑戦としてとってきた戦略なのである。

オーバーエクステンションという言葉は私の造語で、1984年に出版した『新・経営戦略の論理』ではじめて本格的に紹介した。そして『経営戦略の論理』を改訂するたびに、オーバーエクステンション戦略を一つの章全部をあてて書いたりしたが、それでも不十分だと感じてきた。この戦略の論理の全体像を語るには、とても一つの章では足らないと思ってきた。そこで、一冊の本をこのテーマで書こうと思ったのである。

そして、2024年の今の段階でオーバーエクステンションについての本を書こうと私が考えた最大の動機は、失われた30年の間に迷走して成長のエネルギーが枯れてきた感のある日本企業が動くべき方向を、あらためて提案したいという思いである。

過去50年以上にわたって日本企業の観察者であるとともに応援団でもあり続けてきた私の観察の一つは、「失われた30年」の背後には「無理をしなくなってしまった」日本企業という悲しい姿がある、というものである。だから、この本のタイトルのように、「経営は無理をせよ、無茶はするな」と言いたいのである。

このタイトルは、オーバーエクステンションの実行が簡単だと思って気楽につけたタイトルではない。かなり綿密に論理を考えたうえで、行動のステップをきちんと踏まなければ、オーバーエクステンションは成功しないだろう。その成功のためには、オーバーエクステンションの基本論理のきちんとした理解と、段階をきちんと踏んでいくオーバーエクステンションのプロセスマネジメントが必要となる。それらを書いた第3章と第4章が、本書の中核である。

じつは、実力不足のままで新しい事業活動を始めるということは、企業自身の内部にあえて不均衡を抱えることになる。現実の保有能力（実力）と必要な能力基盤（戦略の達成が要求する能力基盤）の間の不均衡である。その不均衡は、かなり組織にストレスをかけることになるだろう。現場が苦しむ時期が生まれるからである。私が『新・経営戦略の論理』の英語版（*Mobilizing Invisible Assets*, Harvard University Press）をアメリカで87年に出版してから、オーバーエクステンションという概念は欧米でもさまざまな形で論じられるようになり、それを「ストレッチ戦略」という名前で呼ぶ人たちもあらわれた（たとえば、G・ハメルとC・K・プラハラードの『コア・コンピタンス経営』）。ストレッチというストレスを組織にあえてかけるというのである。

そのストレスをあえて受け止めて、きちんとしたオーバーエクステンション戦略をとる必要のある成長の踊り場がある。それは、2024年の日本企業に必要な戦略というだけでなく、時間を超えて国境を超えて成立する、成長のための戦略なのである。

オーバーエクステンションという概念の最初の提唱から40年。今回、いくつかの実際のオーバーエクステンションの事例を紹介したうえで、オーバーエクステンションの基本論理やそれを成功させるために必要なプロセスマネジメントの論理、さらにはオーバーエクステンションの密輸入の論理など、オーバーエクステンションの論理の全体像を書くことができた。40年という意外に長い時間がかかってしまったという感慨があると同時に、自分の戦略論の原点あるいは故郷に戻ったような感覚もある。

私は2012年に『経営戦略の論理』の第4版を書いたときに、そのはしがきに「鮭は自分が生まれた川に最後は戻る、という。私も学者人生の晩年期に、生まれた川に戻り、そこで産卵しようとしているのであろう」と書いた。オーバーエクステンションについてのこの本もまた、自分の原点に回帰する本である。だからこそ、故郷に戻ったような感覚があるのだろう。願わくは、その原点が読者の方々にとっても意味のある論理であることを祈りたい。

こうした私の長い学者人生の後半部分を私とともに伴走してくださった日経ＢＰの堀口祐介さんに、この本の編集もやっていただいた。長いお付き合いに心からの感謝をささげて、はしがきを終わりたい。

二〇二四年師走

伊丹　敬之

目次

第2章 製品イノベーションのオーバーエクステンション――日本語ワープロとハイブリッド車

第7章　無理と無茶の境界線　247

序 章

無理をせよ、無茶はするな

経営は
無理をせよ、
無茶はするな

艱難汝を玉にす

「艱難汝を玉にす」ということわざがある。人は多くの苦しみや困難を経て初めて立派な人間となる、という意味である。

このことわざには、二つの、微妙に違う解釈があり得る。一つの解釈は、何かの理由で艱難に出合った人がしばしば人間として大きくなる、成長するというものである。艱難は不幸かもしれないが、それにも意味があるから歓迎すべきというのである。

もう一つの解釈は、さらに一歩進んで、艱難を自ら意図的につくり出す、あるいは艱難が予想される状況に自ら意図して飛び込む方が成長を加速できるというものである。だから、あえて艱難を自らつくり出すことが時にあった方がいい、ということになる。

この本は、この第二の解釈を企業の成長・発展を考える際にはとるべきだと主張するものである。

艱難を自らつくり出す、艱難に自ら飛び込む企業の戦略を、この本ではオーバーエクステンション戦略と呼ぶことにする。自らをエクステンド（大きく拡張）することをオーバーなほどに行う戦略、という意味である。わかりやすい表現としては、背伸び戦略といってもいい。自分の今の背丈よりも大きく見せようと背伸びをしているうちに、背が実際に伸びてくることを狙うという戦略である。

「事業活動の設計図としての戦略」という経営戦略の意味に即して表現すれば、オーバーエクステンションとは、現在の自社の能力基盤に弱いところがあることを承知の上であえて新事業や新しい業務（仕事）に乗り出すことである（これらをまとめて、新しい企てに乗り出すと呼べるだろう）。

しかし、あえて艱難を自らつくり出すべきといわれると、怯む人も多いだろう。本当にそこまでしなければならないのか、不可抗力で艱難が来てしまうのなら受けて立つのだが、と思うのであろう。とくに、企業という「利益を求める」経済組織体でそこまでする必要があるのかと思う人が多くても、不思議ではない。

怯む理由の一つは、なぜ艱難が自分を玉にしてくれるのか、なぜこのことわざが企業の発展にも意味があるのか、それを説明できる論理があまり明確ではないからではなかろうか。

ならば、なぜ艱難が自分を玉にしてくれるのかの論理、どんな艱難がじつは意義が大きいかの論理を企業の成長を中心に考えてみよう。それがこの本の目的である。

その論理のあらすじはそれほど複雑なものではなく、以下のようなものである（ただし、このあらすじをきちんと実行するのは決して簡単ではないが）。

今の自分の実力（背丈）では必ずしも能力が十分ではないのにあえて無理を承知で新しい事業や業務に乗り出す（背伸びする）と、その新事業や新業務を成功させようと組織としての努力が始まる。その懸命な努力の中で、現場がさまざまな学習をする。その学習の結果として、そもそも必要だった能力基盤が築かれていき、さらには磨かれていく。その磨かれた能力基盤が、たんにオーバーエクステンションで乗り出した事業や業務に必要な実力となってくれるだけでなく、企業のさらなる成長と発展をもたらす将来への基盤となってくれる。

もちろん、事業活動の実行に絶対必要な物的資源がある。たとえば、工場に生産設備がなくては生産ができない。そういう物的資源については、資源の裏づけを欠くことはできない。それは最低限必要な能力基盤である。資金についても、同じようなことがいえる。カネが絶対的に不足していれば、すべての戦略は失敗する。

しかし、技術やスキルといった技術的能力、顧客との関係構築能力などの目に見えない能力基盤（私はこれを見えざる資産と呼んで、戦略の中心概念にしている。拙著『経営戦略の論理』を参照）については、事情が多少違う。それらは事業活動を「うまく」実行するのに必要な能力基盤であって、それが多少足らなくても、少なくともある程度の事業活動の水準は実行できる。したがって、この能力基盤を多少欠いたオーバーエクステンション戦略をとっても、一応の事業活動の実行は可能である。

モノやカネとは、ここが違う。ただ、その実行は「うまい」実行、あるいは初めから競争に勝てるような実行にはならないに違いない。能力基盤の裏づけを多少欠いているのだから仕方がない。しかし、苦しい競争をしているうちに企業は競争相手に鍛えられ、顧客に鍛えられ、学んでいく。そして、その学習によって当初は欠けていた能力基盤が徐々に蓄積されていくことも十分あり得る。人は、現場活動で学習できるのである。

たとえば、10年前の姿とはまるで様変わりしたと思うほどに、事業構造や提供する製品・サービスの内容が大きな変化を遂げることがある（第1章でその実例をくわしく紹介する）。あるいは、大きな製品のイノベーションに成功して、それが大きな企業変身や企業成長をもたらすこともある（第2章でその実例をくわしく紹介する）。

そんな企業大変身の背後には、しばしばオーバーエクステンションがある。さらにいえば、そうした「背伸び」に成長の踊り場で無理をしてでも挑戦しない企業には、成長という ご褒美は回ってこないのである。

とくに、日本企業はオーバーエクステンションすべきとき

そうしたオーバーエクステンション戦略は、歴史上のどの時期でも企業成長の踊り場で

必要なもので、実際に多くの日本企業がその戦略をとって成功してきた。だからこそ、失われた30年を経験してきた日本企業には２０２４年の今、とくにオーバーエクステンションが必要とされる戦略だと思われる。

この30年の間に日本企業（とくに上場企業）は投資を抑制し（設備投資、海外展開投資、人材投資すべて）、人件費も抑制し、しかし配当ばかりを増やしてきた。無理をしなくなってしまった（この点については、拙著『漂流する日本企業――どこで、なにを、間違え、迷走したのか？』がくわしい）。法人企業統計調査の大企業（資本金10億円以上）のもっとも直近のデータ（２０２３年度、大企業数は４６８８社）を使ってバブル崩壊（１９９１年）の後からの概要をまとめれば、次の図表序――１が示す通りである。

失われた30年の間、日本の大企業の設備投資は低迷したままで、２０２３年度にやっと30年前の水準に戻った。しかし配当はこの30年間かなりのペースで増加を続け、10倍近くに増えてしまった。そしてついに２０２１年には配当が設備投資を歴史上初めて追い越し、22年度には配当設備投資比率が１１２％にもなってしまった。ただ、23年度には設備投資の増加のペースが配当の増加のペースよりも大きかったために、この比率は１０５％に多少戻っている。それでもまだ、設備投資の方が配当よりも小さいという、成長を志向する企業としては異常な状態のままである。

図表序―1　大企業の設備投資と配当

年度	設備投資（兆円）	配当（兆円）	配当設備投資比率（%）
1993	24.6	2.7	11.0
2003	18.4	5.1	27.7
2013	17.9	10.6	59.2
2023	24.5	25.7	104.9

配当設備投資比率＝配当÷設備投資

これではまずいだろう。今はこれまでの姿勢を改めて、大きな投資へと戦略を転換させるべきである。設備投資ばかりでなく、海外展開投資も人材投資も大きくしなければ、成長は望めない。

こうした消極的な経営姿勢が長く続くと、投資を大きくすることすら無理を通り越した無茶という反応が出てきてしまう危険がある。だから、「減価償却の範囲内の設備投資」という成長しない経営になってしまう。

無理をしなくなった企業に、成長のご褒美は来ない。無理を承知のオーバーエクステンション投資を、多くの企業がもっと考えるべきである。そうした企業の挑戦がなければ、日本全体の成長のエネルギーは出てこない。政府の経済政策のせいで日本が成長しないのではなく、企業の消極的な経営姿勢が日本を成長させないでいると考えるべきである。

日本企業の自己資本比率は高く（40%以上）、内部留保もたまっている。しかも、配当のみならず自社株買いという株主還元額もどんどん大きくなっている（この点についても、拙著前掲書を参照）。しかし、それが本当に成長を目指す戦略なのか。

これだけ健全な財務状態のもとならば、多くの企業がオーバーエクステンション投資をする財務的な体力はあるだろう。今こそオーバーエクステンション戦略の時代なのである。

産業政策でも、国の開発プロジェクトでも

じつはオーバーエクステンション戦略の論理は、時代を超えて、企業成長ばかりでなく、産業政策の論理とも一国の経済発展の論理とも通じ合うものがあり、類似点が多い。普遍性の高い論理である。

たとえば、日本の自動車産業への産業政策がそのいい例である。第二次世界大戦後、日本に自動車産業（とくに乗用車産業）を大規模に興すべきかどうか、産業政策の一つの大きな議論があった。21世紀に世界をリードしている日本の自動車産業の現在を考えると信じがたいかもしれないが、そんな議論が昔はあったのである。

日本に乗用車産業を興すべきでないとする意見は、大蔵省・日銀が主張した。カネの論理からの反対論である。自動車産業は裾野が広い。その広さゆえに、当時の日本の産業の

実力では無理だとするものであった。

たとえば、ボディーの薄板も満足につくれず、エンジン加工の工作機械も国産では無理な状態で、乗用車など国際的に競争力のあるものがつくれるはずはないというわけである。そんな産業に国のカネを注ぎ込むのは無茶で、トラックやバスなど当時の国民が必要とする分野を政策対象とすべき、というのである。

賛成論は、自動車産業は裾野が広いからこそ興すべきだとする論理が核であった。通商産業省の考え方だった。自動車産業が育てば、裾野の産業の育成につながる波及効果はきわめて大きい。一時的な実力不足は、ともかく自動車をつくってみるプロセスで段階的に能力基盤を形成することによって解消していけばいい。

その解消がなるまでは、国産メーカーを外資などから保護する必要がある。賛成論の鍵は、目に見えない能力基盤形成と学習の論理であり、それはまさにオーバーエクステンション戦略であった。

結果として、賛成論が政策論争に勝ち、乗用車産業が日本に興された。しかし、当然のことながら、初めから国際競争力のある車を日本の自動車メーカーがつくれたわけではなかった。1950年代の終わり頃、トヨタ自動車が対米輸出を目指して日本の乗用車をアメリカの高速道路で走らせたところ、走行は不安定、騒音はものすごく、果ては煙まで出始めたという話があるくらいである。戦略の実行は、決して「初めからうまくいった」わけではなかった。

オーバーエクステンションの論理は、国の経済開発プロジェクトにも通用するような普遍性のある論理である。たとえば、開発途上国の開発プロジェクトの成功と失敗の多くを観察し分析したアルバート・O・ハーシュマンは、私がここで言うオーバーエクステンションとほぼ同じことが、成功した開発プロジェクトの本質だと言っている（A.O. Hirschman, *Development Projects Observed*, Brookings Institution, 1967）。

ハーシュマンはプロジェクトをその性格によって二分し、属性受容型（Trait-taking）と属性生産型（Trait-making）があると言う。ここでの属性とは、開発プロジェクトが実行される国の政治、文化、教育、技術、産業基盤などのハード、ソフト両面のインフラストラクチュアを意味する。

それら属性を所与として（だから taking）、変わらないものと受け入れてプロジェクトを設計するのが属性受容型。プロジェクトの成功に必要な属性が当初は十分でなくてもとにかく出発させ、その属性をプロジェクトの遂行過程で生み出し（だから making）、既存の属性を変革していくことによってプロジェクトが究極的には成功することを狙うのが、属性生産型。

属性受容型プロジェクトばかりでは、開発途上国はいつまでも開発途上国であり続ける可能性が高い。ニワトリが先か、卵が先かの悪循環を断ち切って飛躍できない。たとえば、勤勉な就業慣行のない国で、そういう労働力でも十分にやっていけるプロジェクトだけを選んでいたのでは、いつまで経っても就業慣行そのものを改めようとする圧力や新しい就業慣行に慣れる機会が生まれない。プロジェクトは短期的には支障なく運営されたとしても、開発という大きな目的は十分に果たせないというわけである。

属性生産型プロジェクトには必ず生みの苦しみが伴う。しかし同時に、そのプロジェクト自体が新しい属性をつくり出す圧力を生み、その属性を実地訓練で育てる機会を与えることにより、飛躍と変革の可能性が開発途上国にもたらされる。

この考え方からすれば、たとえば開発途上国につくる工場は最新鋭設備を備えていた方がよいという結論が出てき得る。近代的工場の機械群が合理的なために計画的生産の態度や現場での高い技術的知識などを要求し、その工場をうまく動かす必要があるという圧力が、そういった態度やノウハウを開発途上国の人々に身につけさせることがあり得るからである。

ハーシュマンの理論でのプロジェクトを戦略に読み換え、属性を能力基盤に読み換えれば、基本的な論理の構造はオーバーエクステンションの論理と同じであるといっていい。

無理をせよ、無茶はするな

はしがきでも記したように、オーバーエクステンションの大切さを私が最初に書いたのは、『経営戦略の論理』の第2版（1984）であった。そしてその後、この戦略を企業などの講演で語ることが多くなっていった。そうしてしばらくした頃、私の講演を聞いたある企業の幹部が、自社のなかでよく使われる言葉を私に教えてくれた。めざましい企業成長を長期にわたって実現してきた企業であった。

「無理をせよ、無茶はするな」

研究開発プロジェクトの設計や選択の議論の際に、しばしば登場する言葉だそうだ。そして彼は、「それがオーバーエクステンションですね」と言うのである。つまり、無理を承知の背伸びをせよ。しかし、背伸びしすぎて体を壊すのは、無茶だ。そういう意味である。

味のある言葉である。そもそも無理をしなければならないというメッセージがあるし、しかし無理バンザイでもない。何が無理なのか、どこからが無茶になるのか、それを考えさせられる。

この企業、この本で後に紹介するオーバーエクステンションに実際に挑戦した企業、さらには日本の産業政策当局や発展途上国で属性生産型プロジェクトをあえて政策として取り上げる人々、そうした企業や人々に共通している考え方が三つあると私には思われる。

第一に、「何か（新たに始める仕事）を他人よりすぐれてやれる能力がすでにあるからその『何か』を始めるのではない。むしろ、まだ十分にできないからこそ、その『何か』を今から始めておく」という考え方である。そして第二の共通の考え方は、「その『何か』は明日はいずれやらなければならないことなのだから、どうせなら今日始めよう」という考え方。こうして、無理が生まれる。

さらに第三の考え方は、「オーバーエクステンションの苦労から生まれる新しい能力基盤は、オーバーエクステンションしたその分野だけで生きるのではなく、企業や国全体への波及効果、活性化効果がある」という考え方である。だから、無理の効用は大きいのである。

しかし、こうしたオーバーエクステンションへの挑戦がすべて成功するとは限らない。失敗も必ずある。無理のつもりが無茶になってしまったケースも、その失敗の中にはかなりあるだろう。だから、「無理をせよ、無茶はするな」という言葉に共感しても、誰しもが無理と無茶はどう違うのかということもまた気になるであろう。

この本では次章以下、無理を承知のオーバーエクステンション戦略の実例、その基本論理、さらにその成功のためのプロセスマネジメント、オーバーエクステンションの密輸入などを議論する。その後で、無理と無茶の境界線についてもきちんと議論したい。

そして終章では、「無茶は徹底的になくすべきものかどうか」という微妙な問題も考えたい。無茶を排除しようとすると、無理すらしなくなる危険があるからである。それでは重要な成長ポテンシャルを失うことになる。そこから、「無茶もたまにはあった方がいい」というやや逆説的な結論でこの本を終えることになるだろう。

第1章

事業構造変革のオーバーエクステンション

ヤマトとアマゾン

経営は
無理をせよ、
無茶はするな

企業の大変身の背後に、オーバーエクステンションがある

オーバーエクステンションの論理は第3章以下で展開したいが、その議論を読んでいただく前に、第1章と第2章ではオーバーエクステンションの実例を日本とアメリカから四つ紹介しておこう。論理の説明がわかりやすくなるように、読者にイメージを提供するためである。

この章では、大きな事業構造変革のオーバーエクステンションを試み、その結果として大きな変身を遂げた企業の事例を取り上げよう。ヤマト運輸とアマゾンである。そして次章では、大きなイノベーションの背後のオーバーエクステンションを紹介する。トヨタの世界初のハイブリッド車プリウスの開発と、東芝による日本初の本格的日本語ワープロの開発である。

まず取り上げるヤマト運輸の場合は、事業構造の大転換をもたらしたオーバーエクステンションである。商業貨物しか扱っていなかった運送会社が、同じ運送の分野ではあるが、個人荷物の集配事業（宅急便）に民間業者として日本で初めて乗り出したのである。商業貨物としての歴史を持ち、しかしその分野で低迷にあえぐ中での決断であった。

歴史はしばしば新しい試みへの障壁になる。古い常識があるからである。ヤマト運輸の

場合も、「個人荷物の集配は赤字になる」という業界全体での強固な常識がある中で、それに逆らっての進出であった。当然、個人荷物の集荷と配達を効率的に行える仕組みなどまだない、つまり十分に実力がないことを承知の上でのオーバーエクステンションであった。それが、日本の宅配市場をつくり出した。巨大な成果である。

アマゾンの場合は、創業からオーバーエクステンションの連続で次々と新しい事業を大胆に付け加えていった事例である。その結果として、世界有数のインターネット小売りとITサービスの巨大企業が誕生した。

アマゾンの創業事業はインターネット書店であったが、そこから以下のように次々と大きなオーバーエクステンションをしていった。

インターネット書店　↓　インターネット小売業　↓　インターネット市場《いちば》業　↓

異次元の物流サービス　↓　コンピュータのクラウドサービス

たしかにすべて「インターネット利用」という線でつながってはいるが、一つひとつの矢印が、それぞれかなり大型のオーバーエクステンションになっている。そして、それぞれの矢印の背後には、「顧客のニーズにとことんこだわる」「ニーズさえあれば、必要なスキルは事業展開の中で獲得していけばいい」という創業者の哲学があった。

これだけのオーバーエクステンションが短期間（1996年から2006年まで）の間に行われるというのは、希有な例であろう。その希有な試みが成功したからこそ、アマゾンという巨大IT企業が誕生したのである。

日米のこの二つの事例は、それぞれの社会で巨大な事業イノベーションを起こした企業の物語である。彼らはしかも、自社が大きな変身を遂げたばかりでなく、自分たちの事業でそれぞれの社会での人々の生活を大きく変える巨大な社会イノベーションをも起こしている。

日本では、宅急便のサービスが開始されるとそれが急速に社会全体に普及し、いまや宅配便なしには日本人の生活が成り立たないほどになっている。アメリカでも、アマゾンが推進したインターネット小売りの仕組みが、アメリカ人の消費のパターンを大きく変えている。日本でもそうだが、インターネット小売りのない社会などもはや想像できないであろう。

ヤマト運輸でもアマゾンでも、その事業構造変革のプロセスでは巨大な事業転換や事業分野の拡大が起きている。そこには、事業や技術の連続性もあったが、それ以上に不連続な跳躍もあった。事業や技術が連続している部分がなければ、その企業として事業展開の実行は不可能であろう。これまでのさまざまな蓄積を生かせる部分があってこそ、その企業として事業展開が可能なのである。

しかし、不連続な部分も当然にある。その不連続な部分を跳躍することが展開と拡大の鍵になる。その不連続を跳び越える戦略として、オーバーエクステンションが必要となるのである。そして、その不連続の跳躍の背後には、経営者の大きな視座と哲学が必要になるであろう。

事業構造変革のプロセス全体を展望する視野の広さ、新しい事業構造が社会にどのように受け入れられるかを考えられる視座の高さ、そして不連続の跳躍をあえてする哲学、それらが必要となるのである。この章で扱う日米の事例には、そうした経営者の視野、視座、哲学があった。それゆえに可能になった「事業構造変革のオーバーエクステンション」なのである。

業界の常識に逆らう、宅急便——ヤマト運輸

ヤマト運輸の宅急便という個人への、あるいは個人からの荷物の宅配サービスが始まったのは、１９７６年１月のことだった。事業開始日の出荷個数は11個。76年３月までの２カ月弱でも、累計はわずか３万個だった。小さなスタートであった。

その宅急便が、2022年度に運んだ荷物の数はじつに23億個を超えている。日本全体の宅配便輸送個数50億個強の50％以上のシェアである。宅急便は、いまや日本社会になくてはならない社会インフラになっている。その巨大なイノベーションを起こしたのが、ヤマト運輸の当時の社長、小倉昌男であった。

しかし、小倉の頭に宅急便構想の最初のアイデアが生まれた60年代終わり頃には、個人向けの宅配サービス自体が業界の常識に真っ向から逆らうアイデアだった。どこの誰がいつ出すかもわからない個人荷物を集荷して、それを全国のどこか事前にはわからないところへ送る。集荷にも配達にも、個人相手では手間がかかりすぎる。それを採算に乗せるのは絶対に無理（つまり無茶）、というのが、当時の商業貨物中心の業界の常識だった。

たしかに、個人の荷物を扱う輸送サービスは当時でもあった。鉄道小荷物と郵便小包である。鉄道小荷物と郵便小包を合わせて年間2億5000万個ほどの大きさの需要があることはあったのである。しかし、ともに「駅や局まで自分で持ってきたら運んであげる」といった親方日の丸の態度で、「サービス」とはとても呼べない代物だった。「荷物を集めにいく」というサービスを個人相手にやっている民間企業はなかったのである。

ヤマト運輸もまた、大口顧客中心の商業貨物トラック輸送の会社であった。しかし、70年代に入る前から低迷期に入り、73年のオイルショック後には危機を迎えていた。70年代以前から小口貨物で何か新しい道を開きたいとさまざまな試行錯誤を重ねていた小倉は、個人相手のビジネスしか会社立て直しの道はないと覚悟を決めた。いわば、オイルショック後の不況での大きな危機が、オーバーエクステンションへの道を小倉に歩ませたのである。

小倉は、オイルショック以前から個人相手の集配送事業でなんとか採算がとれるビジネスモデルをつくれないか、とおそらく5年以上の月日をかけて考え続けていた。そして、鍵は荷物の密度だと思うに至った。一定の範囲の地域で密度濃く荷物が集められるような仕組みさえ考えれば、その仕組みの形成と維持にかなり大きな固定費をかけても、なんとか採算がとれるかもしれないと思ったのである。とくに、郵便小包を競合として考えれば、親方日の丸を相手ならサービスの差別化は可能で、なんとかある程度のシェアをとれるかもしれないと小倉は考えた。

そのビジネスモデル実行への障壁は、市場と社内と、二つあった。市場での障壁とは、それまで個人としてあまり荷物を出したこともない人たちが、荷物を出したくなるような魅力あるサービスの設計である。誰も日本で経験していない未知のサービスである。

社内の障壁とは、業界の常識とこれまでの大口商業貨物の仕事しかしてこなかった経験から、個人の宅配など無茶と頭から決めてかかる社内の反対意見である。それを説得できるか。

オイルショックの頃から小倉は会社の役員会で個人相手のビジネスの話を持ち出したが、誰も賛成してくれなかった。それほど、業界の常識は強固だった。そこで小倉は役員の入れ替えを少しずつ行って、宅急便進出を決めた75年秋には役員会は賛成に回るようになった。

しかし、もう一つの社内の障壁は、労働組合であった。大型トラックの運転手が花形の職種であるヤマト運輸で、個人のお宅へ小さなトラックで集配に回る運転手をやりたがる人はほとんどいなかった。しかし、オイルショック後に会社が危機に瀕していることは、労働組合も理解し始めた。彼らの方が役員会よりも早く個人ビジネスへの進出に賛成した。ただし、大口商業貨物からいきなり撤退するのではなく、事業の一部としての進出への賛成だった。

1975年8月、小倉は練りに練ってきた「宅急便開発要綱」を役員会に提案し、それをもとに宅急便進出への賛成を正式に勝ち取った。そしてすぐに、将来の幹部候補生などを中心にした10人程度の若手・中堅中心のワーキンググループをつくり、具体化の議論を始めた。

ワーキンググループは2カ月ほどの集中的議論で、進出の具体案をまとめた。もちろん、小倉の指導のもとでである。そして、76年1月には早くも宅急便事業を「関東一円」を営業地域として開始してしまう。5年以上の長い思考期間を経て、役員会での承認後わずか5カ月という猛スピードでの実行へのジャンプであった。

ワーキンググループの具体案は、現在の宅急便のあり方をほぼすべて描いていた。商品化計画としては、対象貨物は10キログラム以下の荷物で、一個口で注文を受ける。価格は地域を設定して、短距離の地域には一律500円、長距離の地域への荷物には100円をプラスという低価格の設定。翌日配達を原則として、一部は翌々日配達。集荷は、個人のお宅へ電話で要請を受けて集荷にいく。ただし、取次店を設けて（たとえば地域の酒店）そこへ持ち込めば100円安くする。

革命的なビジネスモデルであった。これが実行できれば、郵便局への持ち込みと3、4日後の配達が常識であった郵便小包とは圧倒的な差別化ができるだろう。

最大の問題は、集荷と配達の仕組みづくりであった。個人の家庭から集めた荷物を配送センターへ集め、そこから配達地域別に荷物を仕分けして、各地の営業所に送る。そして、その営業所からどのように個人の家庭へ配達するのか。大口貨物・商業貨物中心のヤマト運輸には（あるいは当時の日本のどの運送会社にも）なかったシステムとノウハウが必要であった。

つまり、きちんと事業を行う能力基盤を整えられるかどうかが明確でない状態で、あえて宅急便という商品を取り扱い始めるのである。典型的なオーバーエクステンションであった。それも、巨大なオーバーエクステンションといっていい。

宅急便事業開始時の営業地域を首都圏を中心とする関東一円としたのは、ヤマト運輸が当時すでに関東地域での路線免許を持っていた（逆にいえば、関東圏以外では路線免許をほとんど持っていない）からであった。しかし、荷物を運ぶための免許があるということと、荷物をきちんと「翌日配達」で届けられる仕組みを整えるということは違う。免許は、行政上の許可があるというだけの話である。もっとも、それが宅急便の全国展開では後に大きな問題になるのだが。

翌日配達の現実の仕組みは、小倉も現場もさまざまな工夫をして一歩ずつつくられていった。その努力を見越しての宅急便開始の決断だった。それは、かなりの見切り発車だった。

たとえば、集荷のための仕組みとして想定した取次店は、数が揃わないままの状態での出発だった。76年10月（つまり宅急便開始の9カ月後）でも、取扱店の数は24しかなかった（都築幹彦『どん底から生まれた宅急便』63ページ）。

あるいは、集配送の肝になる中心的な中継センター（荷物が集まり、そこから各地へ散っていく）はかなり大規模でないと集配送がスムーズにいかないのだが、76年1月の時点でヤマト運輸が持っていた東京・深川の中継センターは小規模の上に老朽化していた。新しい中継センターをつくる必要があることは自覚していても、その準備がないままの見切り発車だったのである。新しい中継センターは結局、埼玉県戸田につくられるのだが、その土地を見つけたのが76年春、センターが完成したのは77年5月のことだった。

こうした見切り発車は、多くのオーバーエクステンションに共通のものだろう。ヤマトの場合、大きな戦略構想は徹底的に考え抜かれていても、実行の仕組みの整備という点ではかなり見切り発車だった。

じつは、この「拙速」ともいえるほどのスピードが必要でもあったようだ。ヤマトの場合には業界の常識に真っ向から逆らっているのだから、ゆっくりと準備してからの出発を予定すると、せっかく役員会の了承をとりつけたのに内部の反対が息を吹き返してしまう危険がある。ある意味で、アレヨアレヨという間の実行開始が必要だったのだろう。

損益分岐点までの苦闘

見切り発車の部分もたしかにあったが、「翌日配達」の便利さがもたらした市場へのインパクトは大きかった。

宅急便にとって実質初年度となる1976年度（76年4月からの一年間）の取り扱い個数は175万個だったが、その後の4年間は毎年倍々ゲームの成長をして、79年度には2226万個にまでなった。ただ、これだけの取り扱い個数でもまだ損益分岐点には達していなかった。ネットワークを大きく整備するという事業は、それだけ初期投資がかさむからである。

しかし、ネットワーク整備が徐々に進んで実際に翌日配達が実現されていくことは、多くの利用者を驚かせた。荷物を出した人も早く届くのに驚く。荷物を受けた人もこんなに早いのかと驚いて、次は自分が使ってみようと思うようになる。つまり、翌日配達の実現そのものが、口コミ広告の源になった。

だから小倉は、「サービスが先、利益は後」という方針をきびしく打ち出し、標語にして社内に周知した。サービスでまず顧客に満足してもらうと、たしかにそれだけのコストはかかるが、じつはその後に需要が増えていく。結果として、利益が出るようになるということである。

ただ、想定外の大きな出費が必要になったこともあった。たとえば、初期の意外なトラブルの一つが、「翌日配達」という目標の達成率が思うように上がらないことだった。翌々日の配達になったりする荷物がかなりあったのである。理由を調べると、ヤマトとしては翌日に配達に行くのだが、お客様が留守でその次の日に再配達するケースがかなりあるというのである。それでは、客の立場からすると翌々日配達になってしまう。

対策は、「需要者の立場に立ってものを考える」という「宅急便開発要綱」の基本的な考え方の一つに立ち返ってみれば、簡単だった。当日の再配達である。それをしてこそ、お客様との約束である「翌日配達」が実現できる。

しかしそのためには、午後6時までとしていた配達時間を、夕食後の時間の在宅率の高さを見越して午後8時までに延長する必要があった。ただし、それを実行するには人手が余分に必要で、人件費がより多くかかることになる。

それは採算上はたしかに大きなマイナスだが、そこまですることでお客様がサービスを認めてくれて将来の集荷需要につながると小倉は考えた。まさに、「サービスが先、利益は後」という基本コンセプトを守ったのである。

こうした想定外の出費、そしてネットワーク整備のための想定内の投資に向けた資源配分の大きな源泉の一つとなったのが、小倉が79年に決断した大口顧客からの撤退によって浮いた人員や費用であった。

宅急便に進出した76年以降も、ヤマト運輸は商業貨物の路線輸送や百貨店の荷物配送という大口需要家との取引を継続していた。成否の定かでない宅急便に一気に全社をあげて飛び込んだのではなかった。大型トラックドライバーを中心に、宅急便に反対する人たちがまだ社内にかなりいて、大口顧客相手のビジネスをやっていていいと彼らにいえるだけの余地を残すためにも必要だった。

しかし、78年までの3年間の宅急便の成長（78年の取り扱い個数は１０８０万個）を確認した小倉は、79年に松下電器と三越という業界の大手で、長い付き合いのある顧客に撤退を申し入れ、了承してもらった。三越からの撤退は当時の三越の経営者の倫理的問題に小倉が我慢できなかったこともあったが、全社的な戦略として、ほぼ宅急便専業に舵を切ったのである。

そしてこの大口顧客からの撤退は、社内にまだ残っていた「これまでの事業をなぜやめなければならないのか」と考える組織の慣性に対する小倉の決別の意思表示であり、現場の人々に宅急便で生きていくことを覚悟してもらう意味も大きかった。

その結果、撤退の翌年の80年の宅急便取り扱い個数は３３４０万個と78年の１０８０万個から3倍以上に増え、初めて損益分岐点を超えた。80年度の決算で売上経常利益率が５・６％になったのである。

組織の慣性への決別が象徴するように、小倉の戦略には組織の人々の意識や心理への配慮がさまざまになされている。オーバーエクステンションは、決してたんに事業採算的に苦しいという困難だけでなく、現場で苦闘する人々の意識や心理の問題でもあるのである。たとえば、宅急便に進出した直後から、小倉は現場のドライバーたちの「呼び名」をセールスドライバーと変えた。ドライバー自身に、たんなる運転手ではなく、顧客へのサービスの最前線の人であるという意識変革を訴えるためである。

また、ヤマトの宅急便の配達車両の側面に、小倉は「翌日配達」と大きく書かせた。その目的は一つには走る宣伝道具ということだが、もう一つの目的は翌日配達という決意表明を社会にしてしまうことにあった、と小倉自身が書いている。社員たちが翌日配達をせざるを得ないと強く思うように、という心理的配慮である。

さらに、顧客の喜んだ顔を宅急便サービスではドライバーたちが直接見ることができる、顧客の感謝の気持ちを受け取ることでドライバーたちも余計にやる気が出る、というような話を宅急便進出の後に小倉は社内報などでしきりと強調するようになる。それもまた、顧客の喜ぶ顔が働きがいだと社員たちに説いている経営者の姿である。

こうして現場の人間の意識や心理を重視しなければ、オーバーエクステンションの初期の苦闘の時期は乗り越えられそうにない。そこに、小倉の目はきちんと注がれていたのである。

それを象徴するようなエピソードが、ヤマトとしてはこれまで営業実績のなかった北海道で宅急便サービスの開拓のために派遣された社員と、小倉が北海道を訪問した際に交わした会話である。まだ路線免許がとれていなかった北海道で営業所を新設し、荷物を集めるのに営業所長はさんざんな苦労をしていた（山岡淳一郎『逆境を越えて――宅急便の父小倉昌男伝』２０３ページ）。

「どのくらい荷物はあるの」と聞く小倉に、営業所長は正直に「１日に10個です。真っ赤です」と答えた。怒鳴られることを覚悟していた。それに対して小倉は、「10個なら、11個になるように考えろよ。11個になったら12個になることを考えればいいや。いいサービスをするんだよ。サービスが先、利益は後なんだからね」。

営業所長は感激し、この人のために命をかけてやろうと思ったという。

小倉は、宅急便は運送業の中での新しい業態開発だと言う。商業貨物運送とはまるで違うビジネスモデルということである。その業態開発をきちんとやるには、ハードウェア（車両や営業所など）とソフトウェア（情報システム）とヒューマンウェア（主にドライバーたち）の三つを総合して、新しいシステムをつくることが必要だと小倉は言う。そして、とくにヒューマンの部分の大切さを強調する。まさに、宅急便が損益分岐点を超えるまでの苦闘の時期にはそれが大切だったのであろう。

全国への翌日配達ネットワークの展開

損益分岐点を達成すると、すぐに次のオーバーエクステンションへの決断が待っていた。関東圏で始まった宅急便を、真に全国規模の翌日配達ネットワークへと大きく進化させるためのオーバーエクステンションである。宅急便のカバー率は、１９８０年には面積比でまだ日本全国の30％しかなかったのである（ただし、人口比では80％に近かった）。

それが、81年から始まったダントツ３か年計画である。ダントツサービスを狙うのである。具体的には、次の三つの目標を持った計画であった。

⑴　宅急便の全国網の完成
⑵　翌日配達地域の拡大
⑶　1と2を実現するための営業、作業の体制づくり

この計画は、業界の常識に反する宅急便の損益分岐点突破を見た他社が大量に新規参入してきたことに対抗するための競争対応でもあった。35社も、宅配便サービスを始めたのである。それは、動物戦争とも呼ばれた。新規参入の各社が、たとえば日本通運のペリカ

ン便など、自分たちの宅配サービスに動物の名前をつけたのである。ヤマトが「クロネコヤマトの宅急便」というコマーシャルを打ち、配送車両にもクロネコの絵を大きく描いたことへの各社の対抗策であった。

このダントツ計画実現のための難関が二つあった。一つは、運輸省の路線免許の獲得である。全国展開をするためには、全国にヤマトのトラックを走らせる必要がある。そのためには運輸省から路線免許をもらわなければならない。もう一つの難関は、全国規模で翌日配達を実現するための集配送と輸送のシステムをつくることであった。ダントツ計画の三番目の目標がこれである。

とくに全国規模での翌日配達ネットワークについては、社内でも反対意見がかなりあった。過疎地にも翌日配達を広げることになり、赤字になるのではないかという心配があったからである。

小倉自身もこう書いている。

宅急便を初めてやろうと決心したときは、清水の舞台から飛び降りる気持ちであった。……次のステップとして郡部（過疎地も多い）にサービスを拡大しようとしたとき、再び清水の舞台から飛び降りる気持ちになった。せっかく採算点に到達したのに、郡

部で仕事をすることで採算が悪化したら、身もふたもないと思ったのである（小倉昌男『小倉昌男 経営学』169ページ）

しかし、宅急便の成功は、宅急便をすでに社会インフラに近いものにしていた。それだけの公共的役割を担わざるを得なくなっていると小倉も覚悟をしたようで、今度の清水の舞台も飛び降りることにした。社会インフラ化が強いたオーバーエクステンションともいえる。

だが、採算以前に、運輸省の免許という難関をなんとかしなければならない。81年以前にも地方への荷物の多くは地域の運送会社への委託という形で実現していたものが多かった。しかし、全国で翌日配達を実現しようとすると、自社のシステムでなるべく効率的に多くの地域での集配送と地域間輸送をしなければならないのである。

そこで小倉は、80年8月の八王子―塩尻路線の免許申請を皮切りに、83年4月までに主要路線での免許申請を13件出した。それらが認可を受けるまでに平均約4年間かかっている。新しい路線免許にはその路線のある地域の既存の業者が反対するというので、運輸省がなかなか免許を出さないのである（沼上幹『小倉昌男――成長と進化を続けた論理的ストラテジスト』180ページ）。

それは、自分に免許を認めさせる実力が今はないということを承知の上で免許申請をしてネットワーク拡大を図るという意味でオーバーエクステンションであった。このオーバーエクステンションの解消には、免許を認めさせる実力をつけるしかない。

そのための実力整備の戦略として、小倉は運輸省への訴訟に頼るという強行突破と社会を味方につける作戦、という二方面作戦をとった。

監督官庁に対する訴訟とは、きわめて異例な行動である。具体的には、81年に申請を出したものの5年以上にわたって棚ざらしにされていた仙台―青森路線の免許申請をめぐって、86年8月に運輸大臣に対して「不作為の違法確認」の行政訴訟を起こしたのである。免許を出さないことが「不作為の違法」だと認めてほしい、という行政訴訟である。この訴訟に運輸省側はすぐに反応し、免許に必要な公聴会の開催などの手続きをとった。結果として、その年の12月には免許が付与された。

当然に、監督官庁の大臣相手の訴訟はマスコミで大きく取り上げられた。それは、社会を味方につけるための小倉の戦略でもあった。じつはこの訴訟の3年前の83年に小倉は、運輸省を相手にした公開ケンカを新聞広告を使ってやっている。

この年、小倉は宅急便の標準サイズを三つに増やそうと新しい運賃設定の許可申請を運輸省に出した。しかし、「宅急便独自の運賃設定は認められない」としばらく許可が出なかった。それに対して小倉は、「運賃申請をしたが許可が出ないから、すでに公表していた新運賃でのサービスが提供できず申し訳ない」という謝罪広告を全国紙に出したのである。運輸事務次官が激怒したという。しかし、数カ月後に許可が下りた。

こうして社会を味方につけるために新聞広告の公開ケンカに勝った、という素地があった上での路線免許での行政訴訟は、小倉の「官庁が公共の利益を考えていない」ことへの義憤の表れでもあるが、同時に「免許獲得の実力整備」のための戦略にもなっている。

さらに、新聞広告や訴訟という運輸省相手の公開ケンカは、小倉の宅急便にかける覚悟の本気度を、自分の背中で組織のメンバーに対して見せることにもなっている。宅急便を成功させようと現場の心を奮い立たせるオーバーエクステンション応援効果もあったであろう。

路線免許を獲得できても、実際に翌日配達を全国規模で行うためには、それだけの輸送システムをつくる必要がある。ハード、ソフト、ヒューマンの三つのウェアが揃う必要があるのである。それが、ダントツ計画の第三の目標である営業と作業の体制づくりである。とくに、「作業の体制」という現場業務の整備が第三の目標に入っていることが、小倉の現場の仕事への目配りの細かさを示している。

小倉は、このシステムづくりのためにさまざまな手を打った。たとえば、全国各地への輸送便を一日二便制にした。午前中に集めた荷物はその集荷営業所から午後に発送し、午後に集めた荷物を夜に発送するのである。それによって、集荷の翌日の早朝までに配送地域の営業所に大半の荷物が到着するようになり、「翌日配達」可能な地域が広がったのである。

さらには、集配送のための小型トラックをトヨタ自動車と共同開発した。ドライバーが作業しやすいように運転席から荷台に立ったままの姿勢で入れるような、ウォークスルー車である。82年5月からヤマト運輸向けの専用車両として導入された。

また、配送センターでの自動仕分け装置の開発、ドライバーが持つ専用端末とそれとつながる「ネコシステム」と呼ばれる大規模な荷物データ管理のための情報システムの開発などと次々と手を打った。

こうした開発はもちろん外部の専門企業の助けを得たものの、基本的にはヤマト自身のプロジェクトとして社内開発した。そうした自前の努力が、輸送システムの将来の効率化のための能力基盤の蓄積にもなっていた。

こうしたシステム構築と能力基盤の蓄積では、小倉はヒューマンウェアを最重要視した。それが起点となって、「ヒューマン、ハード、ソフト、という順序でいい循環が回った」と小倉自身が書いている（小倉前掲書、256ページ）。

ダントツ3か年計画は81年の第一次計画から始まり、第三次まで9年間にわたって行われた。その最終年度である90年には、宅急便の全国カバー率は、面積比でも人口比でも99%を超えるまでになった。

76年の宅急便への進出は、社内の反対を押し切っての、いわば「小倉の」オーバーエクステンションであった。しかし81年からの翌日配達の全国ネットワーク展開は、全社を巻き込んだいわば「組織ぐるみの」オーバーエクステンションであった。

こうして二つのオーバーエクステンションが成功した結果、巨大な宅配便市場という新しい需要創造が可能になり、日本人の生活を大きく変えたイノベーションが実現したのである。

インターネット小売業へ、そしてインターネット市場業へ——アマゾン

アマゾンは、1994年にジェフ・ベゾスによってアメリカのシアトルでインターネット書店として創業された。それまでベゾスは、ニューヨークのヘッジファンドに金融工学の専門家として勤めていた。しかしインターネットのポテンシャルを確信して、e－コマースの分野で起業することを決断した。そして、最初の商品として本を選んだのである。

親からもらったわずかな投資資金を元手に始めた小さなインターネット書店に、ベゾスはアマゾン川という世界一の流域面積を誇る川の名前をつけた。この起業自体が、オーバーエクステンションであった。彼に書店ビジネスの経験があったわけではなかった。

起業から4年が経つ頃には、インターネット書店としてその存在感を持ちつつあり、ベゾスはいよいよ本以外の商品を取り扱うことを考え始める。実際1998年には早くもCDとDVDの販売に乗り出した。しかし、インターネット書店から多くの商品分野を扱うインターネット小売業への進出は、かなりのオーバーエクステンションであった。

多くの商品を扱い、それを無数の顧客に配送するためのビジネスシステムをつくらなければならない。それは大変な作業なのである。インターネット書店としてのアマゾンには、オンラインの顧客と対面するウェブシステムがあった。それは他の商品にも使えたが、それ以外は全部自分でつくらなければならない。インターネット小売業のための能力基盤（実力）など、インターネット書店として歩き始めたばかりのアマゾンに十分に備わってはいなかった。

たとえば、そもそも仕入れに苦労した。最初は玩具と家電に商品分野を限って在庫を持つようにしたが、アマゾンのようなインターネット小売業はまだ少なかったために信用が小さく、メーカーが商品を卸すのに積極的でないのである。

さらに、多様な分野の商品在庫を保管する倉庫が必要になる。顧客に配送するためには、倉庫内の多種多様な商品のピッキングからその梱包、輸送のシステムまでをつくる必要があり、それも大変である。１９９８年からベゾスは大手スーパーのウォルマートに限っても、物流関係で10人ほどのリクルートをしたほどである。彼らにベゾスは、「空母以外ならなんでも扱える物流システムをつくってほしい」と壮大な構想を打ち明けていた。

しかし、１９９９年のクリスマスシーズンにアマゾンは大混乱に陥る。クリスマスには玩具が大量に売れる。その仕入れ量が十分でないおそれが11月末に判明し、アマゾンの人間が実際に小売店へ出向いて小売価格で大量に買い集めるということまでやった。それでやっと、クリスマス需要への「受注」という対応はできた。当時はインターネットバブルの時期で、消費者の興味もあってインターネット販売が好調だったのである。

だが、受注した商品を実際に数多くの顧客にクリスマスに間に合うように配送しなければならない。そのための梱包や出荷の実務がうまくこなせない。現場は嵐のような時間を過ごして、やっと配送をこなした。その上、玩具を結果として仕入れすぎたために、クリスマス後の売れ残り在庫の大処分という作業まで生まれてしまった。

こうした混乱を経験しながらも、アメリカ各地に物流センターを建設し、インターネット小売業のオペレーションはなんとかこなせるようになっていく。しかし経営陣の間の混乱が生まれたためもあって（一時はベゾスに代わるCEOを取締役会が考えたほどであった）、成長投資ゆえの巨額の赤字計上が続いた。証券アナリストの中には「アマゾンの将来はない」と酷評する人も出てきた。

こうしたトラブルをベゾスはなんとか乗り切り、インターネット小売業はどうやら軌道に乗り始めた。そして2000年に入ると、彼が以前から温めていた「インターネット市場業」構想の実現への道を本格的に歩み始める。

アマゾンのサイトを第三者（サードパーティ）の小売業者に開放し、アマゾン自身の小売り商品とまったく同じようにランキング、レビューなどすべてのオンライン機能を利用できるようにするのである。いわば、こうした小売業者が出品できる「市場」をアマゾンが経営するのである。それが、2000年11月に始まったアマゾンマーケットプレイスである。

この市場業へのオーバーエクステンションには、社内の反対が大きかった。たとえば、やっと軌道に乗り始めたインターネット小売りの担当部門が当然に大反対した。自分たちの競争相手が自分たちと同じオンラインプラットフォームを利用して、売り始めるのである。アマゾン自身がインターネット小売りの競合をわざわざ助けていることになる。

その上、中古品を含め、品質を自分たちが管理できないサードパーティの商品がアマゾンサイトに掲載されれば、その商品の不良などから生まれる悪い評判が「アマゾン自身のブランドの低下」を招きかねない。アマゾンプラットフォームにあるレビューの機能が、その悪い評価を公開する手段になってしまう。

もちろん、販売手数料がサードパーティからは入るのだが、その一方で自分たちの小売り売上を犠牲にする可能性がある。それを覚悟してまでも、インターネット小売業全体にアマゾンが関与する部分を大きくしたい。それは、他社商品で顧客満足度が高くなるのなら、その顧客体験を後押しするのがアマゾンの使命だと考えるベゾスの哲学に裏打ちされた基本方針であった。

アマゾンはすでに自営の零細業者相手にzShopという「市場業」を始めていたが、それが必ずしもうまくいっていない状況での市場業の大きな拡大だったのである。多くの不確実性と社内の大反対の中でのオーバーエクステンションであった。

しかし、サードパーティのアマゾン出店は、アマゾンサイトの消費者への魅力を大きくして、アマゾンへアクセスしようとするオンライン顧客の数を増やす。その人たちが、サードパーティだけでなくアマゾンの小売部門の商品へとアクセスする可能性も大きくする。結果として、アマゾン自身の小売業もまたメリットを得る可能性がある。それが、ベゾスの「先の先を見た論理」だった。

現実はその通りになった。ベゾス自身の表現を借りれば、「サードパーティの売上がアマゾン自身の小売りをこてんぱんにやっつける」（ジェフ・ベゾス他『Invent & Wander――ジェフ・ベゾス Collected Writings』２６３ページ）ほどに成長したのだが、それと同時にアマゾン自身の小売りも高い成長を実現した。マーケットプレイス開始から２０１８年までのアマゾン自身の小売りの平均年間成長率は25％と高いものだったのである。しかし、同時期のサードパーティ売上は年率平均で52％も成長した。そして、２０１５年からは、サードパーティ売上がアマゾン自身の売上よりも大きくなっている。

しかも、このサードパーティ売上の成長率は、アマゾンマーケットプレイスと同じようなインターネット市場業をアメリカで営んでいるイーベイの成長率32％を大きく上回っている。それだけアマゾンサイトの魅力が消費者にもサードパーティにも大きく、多くの中小小売業者がアマゾンマーケットプレイスを選択しているのである。

そうしたアマゾンサイトのサードパーティへの魅力を可能にしたのが、まず第一に、アマゾンが自分のオンラインプラットフォームの改善を重ねてサードパーティにさまざまな販売支援ツールを提供したことである。在庫管理、決済、荷物追跡、レポート作成などである。これらの支援を提供できる能力基盤は、インターネット小売業としてのアマゾンの業務の中で培われたものであったろう。

さらに、サードパーティへの支援の中でもっとも大切だったのが、アマゾンプライムという翌日配達サービスとフルフィルメントバイアマゾン（FBA。アマゾン自身が在庫・配送を代行する）という倉庫・物流サービスを小売業者に提供する機能で、これはアマゾンにとって業務の大きなオーバーエクステンションであった。

プライムとフルフィルメント——異次元の物流サービス

アマゾンプライムという翌日配達サービスは、2005年2月に始まった。プライム会員として年間79ドルを支払って登録すると、アマゾンでのすべての買い物が翌日に特別料金なしで配送されるとアマゾンが保証するサービスである。

このサービスを始める前にすでに、アマゾン自身の小売りとマーケットプレイス、その両方での2000年代初頭の成功によって、アマゾンの商品取り扱い個数は爆発的なスピードで増大していた。その在庫管理と配送のためのシステムづくりが、全米での物流センターの新設、倉庫内での商品受け取り・保管・ピッキング・包装・配送という倉庫システムの自動化、外注の輸送業務の効率化、自社の航空貨物部隊などの物流基盤の確保など多方面にわたって行われていった。

その結果、2004年には、アマゾンの顧客は翌日配達、2日後の配達、3日後の配達などと配達スピードを選べるようになっていた。もちろん、この段階では早い配送には特別料金がかかった。

２００４年の秋、社内のアイデア提案制度で、迅速配送クラブというアイデアが提案された。年間のメンバー会費を払うと翌日配達はすべて無料というアイデアである。ベゾスはこのアイデアにすぐに乗った。翌年（つまり２００５年）２月までに新サービスを開始させる特別プロジェクトを発足させた。

すでにさまざまな迅速配送の試みの蓄積があったので、翌日配達自体は可能であった。問題は、それを年間定額料金でやることで採算がとれるかということであった。「何個の翌日配達を希望しても追加料金なし」ということになるから、今まで顧客が払っていた特別配送料金は入らなくなる。しかも、迅速配送はたしかにコストがかかるから、その量が増えるとコストがそれだけ大きくなる。だから、年間会費次第では赤字になってしまう危険がある。

ベゾスの勘で、定額料金は年間79ドル、サービスの名前はプライムと決まった。しかし、社内でどう試算しても、それでは赤字になるだろうという結論だった。だが、ベゾスの考え方は違った。プライム会員になると、消費者はますますアマゾンで買うようになる。配送料金のかかる他のサイトを使いたくなくなるからだ。それで商品の販売数量が増え、したがって配送量も増えることになると考えた。

その増えた販売数量を交渉道具に、仕入れ部門が仕入れ価格の数量割引の獲得を狙う努力が大きくなるだろう。また、一回あたりの特別配送コストが高いことをなんとかしようと現場が反応して、配送量の拡大を一商品あたりの配送コストダウンにつなげようとする努力も出てくるだろう。それで結局、プライムサービスは採算に乗るどころかアマゾンの成長を加速する道具にすることができる。これもベゾス流の「先の先を見た論理」の例である。

この論理は、今の自分の実力のままでは赤字になるが、その実力を改善する努力をオーバーエクステンションが引き出すので、結果として赤字ではなくなるというオーバーエクステンションの論理そのものである。

社内では、そんなに話がうまくいくかという否定論の方が強かった。しかし、たしかにプライム会員はその後急増していくし、物流チームの努力で（たとえば複数の商品を一つの箱に入れるなど）配送コストは年率10％を超えるスピードで低下していった（ブラッド・ストーン『ジェフ・ベゾス　果てなき野望――アマゾンを創った無敵の奇才経営者』２６３ページ）。

プライムというオーバーエクステンションは、成功したのである。しかもプライム導入からあまり時を置かず、翌年の2006年にアマゾンは物流業へのもう一つの大きなオーバーエクステンションを始める。フルフィルメントバイアマゾン（Fulfillment by Amazon）という、アマゾンサイトへの出品業者の在庫をアマゾンの倉庫で預かり、彼らの商品の決済から顧客への配送まですべてアマゾンが代行処理するサービスである。

しかも、FBAをアマゾンに依頼する出品業者の商品は、アマゾン自身の商品と同じようにプライム扱いになる。つまり、翌日配達が約束されるのである。それは、出品業者にとってはアマゾンサイトへの出品の魅力がより大きくなるということであり、プライム顧客の立場からすれば、それだけアマゾンサイトでの翌日配達可能商品が増えることになる。ますますアマゾンサイトの魅力が大きくなるだろう。

だがそのためには、倉庫と配送システムの大きな負担をアマゾンが覚悟しなければならない。その大きな負担がオーバーエクステンションになるのである。もちろん、アマゾン商品のためにアマゾンがそれまでに備えてきた物流の能力基盤がベースとして使えるのだが、これだけの物流需要の拡大が予想されると、さまざまな問題もまた当然に生まれてくる。

たとえば、アマゾン自身の物流センター（フルフィルメントセンターと呼ばれる）を拡大、あるいは設置箇所を増やす必要がある。それには大きな投資が必要となる。他にも、増えていくセンターでの従業員確保と労務管理の負担も大きくなる。事実、アマゾンはセンターでの労働問題でいくつもトラブルを経験することになる。

さらに、こうした物流センターではきわめて多種多様な商品を在庫とすることになるのだが、その膨大な在庫の中から顧客の注文に合わせて商品を探し、それを取り出し、配達用の梱包にまで持っていく作業も、複雑な作業となる。それは、まかり間違うと配送システム全体が混乱して、顧客のところに荷物が届かない危険も大きい問題だった。

アマゾンは自社が培ってきたＩＴの能力を最大限に利用し、また外部のロボット企業を買収するなどして、きわめて先端的なピッキングシステムを備えた自動化倉庫システムも開発していく。ＩＴの力で倉庫の効率化を徹底的に図ったのである。

あるいは、アマゾンのセンターから顧客のもとへ配送する能力の拡大も大きな問題である。初期には、物流専門業者にセンターから顧客までの最後の配送（ラストワンマイルといわれる）を委託していた。ＵＰＳ、フェデックス、郵便公社などの全米規模の大手業者が中心である。しかしアマゾンは、自社でラストワンマイルを担当する配送部隊の割合を増やしていった。委託業者ではスピードや一日の荷物取り扱い可能量の両面で頼りにできない部分が生まれ、翌日配達をそれだけ多くの商品に確約するのが難しいからである。たとえば、日曜配送をしようとしても、大手業者は日曜日は休日で作業を断るというような問題である。

こうしたさまざまな努力と投資の結果、アマゾンは世界最大級の精緻な物流システムを社内に持つに至っている。自動化倉庫と自社の航空貨物部隊、そして最終配送部隊などを揃えた物流システムは壮観である。これが、FBAとプライムという二つのオーバーエクステンションの結果としてアマゾンが獲得した大きな能力基盤という資産なのである。

クラウドサービスへの進出——アマゾンウェブサービス

以上のようなインターネット小売りからマーケットプレイスへ、そして世界最大級の物流システムへ、というアマゾンの「小売」業からの自然な拡大（その拡大の規模とペースは異常だが）とはまったく別系統のオーバーエクステンションがIT分野で起きていた。アマゾンは小売企業であるだけでなく、ITのテクノロジー事業としても発展しているのである。

アマゾンという企業のITシステム技術との関わりは、もちろん、インターネット小売業・市場業・物流業として発展するために最先端のITをフル活用するということから始まった。その活用のために、ソフト開発への投資や人材を投入する戦略が尋常ではない規模で行われ、社内用にさまざまなソフトウェアを開発するサポートサービスが急ピッチで整備された。

その結果、自社のオンラインストアのためのITインフラが整備されていった。アマゾン顧客のオンラインストアでの使い勝手を向上させたり、アマゾンとしての在庫管理を社内で効率化したりするさまざまなITサービスのためのソフト開発ツールのインフラ、開発プロセスの途中と開発後のサービス運用の際のサーバー機能を提供するインフラ、そうした社内インフラをアマゾンのIT部門はつくったのである。

そのIT部門がつくった社内インフラをベースに、社外の顧客にITサービスを外販するというオーバーエクステンションをベゾスは決断した。アマゾンウェブサービス（AWS）という事業の立ち上げである。2006年のことだった。

最初に外部の人々に提供したウェブサービスは、シンプル・ストレージ・サービスというデータ記憶スペースの提供と、エラスティック・コンピュート・クラウドという利用者が自由に計算可能量を増減できる計算能力提供のサービスである。いずれも、インターネット経由で利用者が簡単に使え、電力料金と同じように使ったサービスの量だけ料金を支払うという従量制料金であった。

利用者にしてみれば、ITインフラへの初期固定投資をしなくて済む。しかも、クレジットカード払いが可能という便利さだった。この構想の本質は、小さなスタートアップでも大企業と同じITインフラを使って、コスト競争力を持てるクラウドの提供であった。ただし、この当時はまだクラウドサービスという言葉はなかった。

このAWSは事業開始直後から、さまざまなインターネット関連スタートアップ企業や大学の研究室に大いに歓迎された。彼らは、大型サーバーなどの固定投資をすることなしに、記憶スペースと計算能力を使えたからである。そして、その使用量を増やしたいと思えば簡単にAWSが応じてくれる。

その上、API（Application Programming Interface）という利用者が自分でプログラムをつくろうとする際のコンピュータとのインターフェイスやさまざまな開発ツールもAWSは提供してくれるので、利用者は自分が必要なアプリケーションプログラムをAWSのクラウド上で開発することもできる。もちろん、開発に成功したプログラムを実際に利用するためのデータ記憶スペースと計算能力も、AWSから従量制で購入できる。

つまり、ストレージとコンピューティングの二つを提供できるウェブサービスとして外販を開始したのである。そして、提供されるAPIや開発ツール、サービスがその後どんどん増えていき、またデータベース機能としてきわめて使いやすいサービスも加わった。それがAWSを大きな成功へと導いた。

じつは、このAWSを成功させたことで、2024年現在のアマゾンは世界最大のクラウドサービスの会社になっている。マイクロソフトやＩＢＭのようなＩＴ専業企業よりも大きなクラウドサービスの会社なのである。しかも、ＡＷＳはきわめて高収益の事業で、２０１０年代半ば以降、アマゾン全体の利益の5割を超えることがしばしばなほどに安定的でかつ巨大なのである。

しかし、進出のいきさつは決してスムーズではなかった。すでに２０００年頃からベゾスはオンラインストアを超えた大きなＩＴサービス企業になりたいというビジョンを持っていたが、アマゾンマーケットプレイスやプライム、そしてＦＢＡというサービスでオーバーエクステンションをしていた時期でもあった。

またＩＴ部門の人員規模拡大にもさまざまな課題を抱えていたし、内部の管理もかなりごたごた続けていた。たとえば、最初にＡＷＳが提供したサービスの一つであるエラスティック・コンピュート・クラウドの開発チームは、なかばベゾスの管理から逃げるように開発者の故郷である南アフリカに拠点を移していた。

ＡＷＳ開始の案件が取締役会にかかったとき、ベンチャー・キャピタリストの社外取締役からＡＷＳへの反対意見が出た。インターネット小売りとマーケットプレイスに集中すべきだし、国際展開でも難渋しているのだから、そちらをまず解決すべきというもっともな意見であった。

「なぜ今のアマゾンにAWS開始が必要なのか」という問いに対するベゾスの答えは、「この事業も必要だから」だった（ストーン前掲書、304ページ）。顧客ニーズがあると思えば突き進む、オーバーエクステンションをあえてするというベゾス流の答えである。

2006年というAWS開始の年にも意味がありそうだ。じつは、当時のIT業界のスター企業はグーグルだった。そのグーグルは2004年に株式を公開し、公開後わずか一年で時価総額がアマゾンの4倍にもなった。アマゾンは大きな成長投資の負担もあって利益率が低く、グーグルとは比べものにならないと多くのアナリストが考えていた。そのグーグルに、ベゾスは大きな対抗意識を持っていたのである。

AWS開始から10年が経った2014年に、ベゾスはAWSの業績を初めて外部に開示した。それまではアマゾンの広告事業などと同じ「その他」部門に分類されていて、AWSとしての業績は開示されていなかったのである。この業績開示によってアマゾンが世界最大のクラウドサービスの会社で、かつきわめて高収益ということに初めて世の中が気がついたのである。

アマゾンがまさか「いかにもIT事業そのもの」というクラウドサービスで成功しようとは、世の中は思ってもみなかったのである。第一、アマゾンは消費者相手の市場で活躍してきた企業であり、企業が顧客となるクラウドサービスではあまりに市場が違いすぎる。

AWSが高収益になった理由の一つは、「まさかアマゾンが」という思いから競合がクラウドサービスに大規模に参入しなかったからでもあった。実際、アマゾンがクラウドサービスをしている理由としてまことしやかに業界でささやかれていたのは、「小売りとマーケットプレイスのための巨大なITインフラをつくったが、あまりに巨大で完全利用されない空きスペースが生まれる。それをアマゾンは外販に回している」ということだった。そんな空きスペース利用では、大きな存在になれる経済合理性がないというのが、このささやきの背後の論理だった。

ベゾス自身が、「こうした新事業展開がうまく行くと、ふつうはすぐに新規参入があるが、AWSの場合はあまり競争相手の参入がなかったのが幸いした」と語っている。その一つの理由は「空きスペース利用」という憶測だが、もう一つの大きな理由は、ベゾスが設定した料金があまりにも安かったからである。だから、競争相手になり得る企業（たとえばマイクロソフト）も、そんな料金では採算がとれないと参入してこないのである（ストーン前掲書、310ページ）。

そうして競争相手があまり登場しない間に、初期の赤字を我慢しながら強力な地位とかなりの規模をつくってしまうと、そこからはAWSが利益を生み始める。しかも業界でダントツの地位を築けて、その地位自体がじつは優位性の源泉になって高収益につながるとベゾスは言う。アマゾンのクラウドサービスを使って利便を享受した人たちが世の中にたくさんいて、彼らが広告塔になってくれる。たとえば、AWSを使っていた企業から転職すると、転職先でもAWSを使いたがるのである。顧客が自ら広告塔になってくれるとは、きわめてありがたいことである（ベゾス前掲書、202ページ）。

AWSの利用者は現在ではもはや、スタートアップや大学の研究室だけではなくなっている。アメリカのGEやメジャーリーグ野球機構、さらには証券取引委員会、日本のNTTドコモ、イギリスのフィナンシャル・タイムズ、オーストラリアのカンタス航空やインドのタタ・モーターズなど世界中の多種多様な分野で大型優良顧客が広がっている。

おそらく、アマゾンの数多いオーバーエクステンションの中でも、AWSは最大級のオーバーエクステンションであろう。顧客のニーズを最優先して事業を始め、自社のスキル・能力基盤は後でついていけばいいという、まさにオーバーエクステンションの本質に忠実な戦略なのである。

ここでは取り上げないが、アマゾンにはまだまだオーバーエクステンションの事例が多くある。たとえば、本を読むことに特化したキンドルというIT機器の開発。あるいは、音声認識で顧客の要求に反応するアレクサというIT機器の開発。いずれも、ハードそのものの開発にまでベゾスが乗り出して成功した例である。ベゾスはアマゾンをITのテクノロジー企業として成長させたかったのである。

ただし、新分野でのスキル・能力基盤の整備、そのための人材の外部からの導入をベゾスほどの規模で行うのは、労働市場の流動性がアメリカより小さい日本では簡単ではないだろう。したがって、ベゾスほどの規模のオーバーエクステンションの連続は、日本では無理を通り越して、無茶になるかもしれない。

しかし、その論理の本質は、「今は実力が十分ではないことを承知の上で、あえて新しい事業や業務に進出して、そこでの努力で能力基盤の整備を期待する」というオーバーエクステンションの論理そのものなのである。ベゾスは多くの無理をした。しかし、巨大な無茶はしなかったといっていいだろう。

第2章

製品イノベーションのオーバーエクステンション

日本語ワープロ と ハイブリッド車

経営は
無理をせよ、
無茶はするな

大きな製品イノベーションの背後に、オーバーエクステンションがある

新製品開発はそもそも、単純に過去の延長線上で自然に行える話ではないことが大半だろう。新技術の開発が必要なことが多く、そこには未知への挑戦がつきものだからである。しかし、世の中を大きく変えるようなイノベーションとなる新製品開発の背後には、「無茶に近い」挑戦というオーバーエクステンションがあるものである。

事業での赤字を覚悟するようなオーバーエクステンションとは違うが、新製品開発での大きな苦難をあえて覚悟するような、自分にその開発を成就できる実力が現状では不十分であることを承知の上での、技術と市場のフロンティアを大きく前進させようとするオーバーエクステンションがあるのである。

その日本での大きな実例を二つ、一つは情報機器の世界から、もう一つは自動車の世界から紹介しよう。

情報機器での日本語入力の世界を変え、情報機器をふつうの日本人が日本語で使うことを可能にしたのが、日本語ワードプロセッサの開発である。1979年に東芝が発売したJW－10が、それである。このワープロが日本で初めて実用化に成功したかな漢字変換入

力ソフトのおかげで、それ以降はパソコンでもスマホでも日本語を入力できるようになった。

環境対応の自動車として、エンジンとモーターの二つの動力源を併用するハイブリッド車プリウスが、トヨタ自動車によって1997年に市場に投入された。世界で初めてのハイブリッド車の実用化であった。このハイブリッド車のおかげで、環境に負荷の大きい燃料を燃やす自動車から電気自動車へと自動車の世界が動いていく、その大きな時代変化の中継ぎ役を世界が手に入れたのである。それは、かなり長期にわたる中継ぎであろうし、遠い将来でもハイブリッド車はなくならないかもしれない。

いずれのイノベーションも、それぞれの分野（日本語処理と自動車）を大きく変えた製品イノベーションで、日本社会を大きく変えたイノベーションでもある。そしてそのイノベーションが成就するまでのプロセスには、開発者たちによる、経営者による、いくつものオーバーエクステンションがあった。自分たちの実力はまだ不十分であることを承知の上で、あえて新しい仕事（製品開発）を始めて、その仕事のプロセスの中で実力を培っていくというオーバーエクステンションである。

初の日本語ワープロ——東芝ＪＷ－10

今では誰もが、パソコンやスマホで日本語をローマ字あるいはかなで入力する。そして、瞬間的に画面にかなが漢字に変換されたかな漢字交じり文として出力されるのを不思議に思わない。コンピュータが勝手に同音異義語や人名をきちんと把握して、意味もかなり推定した上で、入力したかなに対して適切な漢字を表示してくれるからである。最初の変換で間違っても、すぐに他の候補が示されて、誤変換が続くことはあまりない。

それが可能になっているのは、パソコンやスマホがかな入力をかな漢字交じり文に変換するかな漢字変換ソフトを、膨大な辞書とともに内蔵しているからである。

それを初めて製品として実用化し、しかも市場で大きく受け入れられたのが、１９７９年１月に東芝が世に送り出したＪＷ－10という日本語ワードプロセッサである。大きさは巨大なデスクほどで、机の上にキーボードと日本語表示のできるブラウン管表示装置、24ピンの日本語ワイヤドットプリンタが置かれていた。机のソデの部分にミニコンピュータが入っていた。価格は６３０万円、重さは２２０キログラムもあった。

かな漢字変換ソフトがこの日本語ワープロの核心部分だが、それ以外にも日本語表示可能なブラウン管や日本語プリンタまで、すべて東芝が開発したものであった。ＪＷ－10の主な用途は、契約書のような公式文書作成とその記録であったろう。ワープロというよりは日本語文書作成機というべきかもしれないが、かな入力が可能であること、文書記録と編集機能を持っていたことが爆発的な反響を呼び、その後の日本語ワープロの原型となった。今の時代に至るまでわれわれ日本語使用者がかな漢字変換ソフトの恩恵に浴しているほど画期的なイノベーションであった。

この製品の東芝のプロジェクトリーダーだった森健一は新聞発表のときに、ポータブル型の日本語ワードプロセッサの商品化が次の目標で、価格は10万円程度になると大胆にも開発目標を語った。しかし、JW-10の大きさ、重さ、価格を見せられては誰も信じなかったのか、一紙の記者以外は反応がなかったという。当時はまだデスクトップ型パソコンすら市場に出現していない時代だったから、当然の反応というべきかもしれない。

しかし東芝は、森の発言通りの商品化にその6年後の1985年に成功する。パーソナル型日本語ワードプロセッサRupo JW-R10である（以下、ルポ10）。2行×10字の日本文を表示できる液晶画面を持ち、軽量小型（3・15キログラム）で、価格は9万9800円であった。JW-10の発売後わずか6年で、ここまで小さく、軽く、安くできたのである。JW-10開発成功が日本語ワープロというイノベーションの第一のオーバーエクステンションだとすれば、ルポ10の開発成功は第二のオーバーエクステンションといっていいだろう。

その便利さと価格ゆえにルポ10は爆発的な評判を呼び、大ヒット商品になって、全国のオフィスや家庭にワープロが普及した。つまり、ワープロというものを日本社会に根づかせる大きな役割を、ルポ10は果たしたのである。他社も後を追うように、次々とポータブルワープロ市場に参入した。

1985年に日本語ワープロの市場規模は100万台ほどになった。その中でルポ10のシェアは3割程度で、30万台を売る大ヒットになったのである。86年には、他社からの新製品も投入され、ワープロだけで200万台ほどの市場規模になった。一年で倍増である。

しかし、表示画面や記憶装置までが一体となったハードとしての日本語ワープロの市場規模は、ルポ10の成功の5年後の1990年には早くも約250万台の規模でピークを迎える。パソコンなどが普及して、パソコンでかな漢字変換ができるようになったためである。しかしそれでも、250万台という数字は1990年当時のパソコンの市場規模よりも大きかった（森健一「日本語ワードプロセッサの研究開発とその社会的影響」）。

その後、1990年代前半からインターネットが普及し始め、なおかつパソコンでかな漢字変換ソフトやワープロソフトがどんどん使えるようになってくると、日本語ワープロというハードの市場規模は縮小する。そして、1995年にウィンドウズ95がパソコンの

OSとして発売されて爆発的に広まると、ウィンドウズパソコンにはマイクロソフトのワードという日本語ワープロソフトとかな漢字変換ソフトが標準装備されるようになり、一気に日本語処理需要はパソコンへと動いていった。

その後もこの傾向は強まり、日本語ワープロとしての機能は、ワープロソフトはパソコン用の日本語ワープロソフトに、ハードウェア機能はパソコンそのものにそれぞれ代替され、2000年以降、日本語ワープロ専用機は市場からほぼその姿を消すことになる。JW－10の発売からわずか20年ほどの歴史であった。

しかし、それはJW－10の歴史的意義が小さかったことを意味しない。この日本初の日本語ワープロのために開発された「かな漢字変換技術」と「編集技術」などは、その後のパソコンやスマホなど日本のあらゆる情報通信分野の日本語入力の技術的中核として引き継がれ、発展を続けている。つまり、かな漢字変換ソフトの基本がJW－10でつくられ、そのベースはいまだに生き続けているのである。

2008年、米国電気電子技術学会（IEEE）は、JW－10を学会が認定するマイルストーン（電気・電子分野での歴史に残る大きな成果）の一つに認定した。そこでは、小型ワープロがオフィスにとどまらず家庭にも浸透したこと、かな漢字変換システムが日本で数千万台のパソコンや1億台の携帯電話に利用されていること、日本での成功が中国をはじめ他国にも影響を与えていること、24ピン漢字ワイヤドットプリンタの先駆けであったことなどが功績として挙げられている。

この日本語ワープロの開発を最初から一貫して率いたのは、東芝・情報システム研究所の森健一だった。そして、現在のパソコンやスマホのかな漢字変換ソフトはすべて森たちが開発した方式をベースにしているという大きな功績により、森は2006年に日本政府から文化功労者として顕彰されている。

森が日本語ワードプロセッサの研究開発チームを立ち上げて基礎研究を始めたのは、1971年のことだった。JW-10発売の8年前である。

当時、情報機器への日本語入力を誰でも使えるように実用化することは、学界でも不可能だといわれていた。とくに日本語入力を専門としてきたわけではない森たちがそれに挑戦したのである。まさに、オーバーエクステンションであった。現実的な装置を実現できる見通しがつくまでに6年以上の時間がかかった。しかし、そこからは早かった。その現実的な装置の見通しがつくと、事業部の新製品として東芝・青梅工場の技術者の人々と協力してハードの製品開発を行い、1年少し後にJW-10が誕生したのである。

森たちのグループの最大の貢献は、表音文字であるかなを入力して、それから表意文字である漢字交じりの文章に変換するというかな漢字変換のソフトの日本初の実用化だった。

変換効率（正しい漢字への変換の効率）と変換スピードが、人間が使いたくなるようなレベルに達して初めて実用化の成功といえた。

その実用化に日本語で成功すると、国際的な波及効果も生まれる。じつは、音を表す記号から同音異字がたくさんある表意文字に正確に変換するというニーズが、たとえば中国のような表意文字（漢字だけ）の国にはある。コンピュータに漢字を直接入力することなど、不可能だからである。

森たちのグループは大連理工大学と共同で、かな漢字変換方式を応用した中国語ワープロを試作した。日本のローマ字に相当する中国のピンインで文章を入力して、自動的に中国語に変換しようとしたのである。ピンインは中国では小学一年生が学ぶほど、広くみんなが知っている入力方式である。彼らのつくった中国語入力ソフトの変換速度は、数多くある中国語入力方式の中で最速だという（森前掲論文）。

これが、ＩＥＥＥのマイルストーン顕彰の理由として明記されている「他国への影響」の一つの具体例である。この大連理工大学との共同開発の成果に対する知財権を東芝は要求しないことにしたと、私は森自身から聞いたことがある。「われわれ日本人は、２０００年近くも前に中国から漢字を教えていただいた大きな恩がある」と言うのである。

不可能といわれた日本語入力装置の開発

ＪＷ－10に至る長い開発プロセスのきっかけは、ほんのちょっとしたことだった。開発リーダーの森は、計算機による文字認識の専門家だった。たとえば、現在も郵便局で使われている郵便番号自動読み取り機は、そもそも森が率いていたチームが開発したものである。手書きの数字を高い精度で読み取るための技術が中核になっている。

森は、数字だけでなく手書きの日本語文字の自動読み取りを次の研究テーマにしようとしていた。さらにその先に、日本語の機械翻訳を考えていたのである。そこで、官庁のメンバーたちが集まる計算機研究会で、手書き文字の読み取りがどのように役に立つかを聞いてみた。彼らの答えは、「手書き文字の読み取りも面白いけれど、その前に手で書かないで日本語の文書をつくれる機械が欲しい」というものだった。手書きで書類をつくることそのものが大変だというのである。

この話を森が聞いたその頃、森の研究室に配属された河田勉という新人がやはり機械翻訳に興味を持っていた。その彼が、機械翻訳ができるようになるためには、そもそも漢字もかなも計算機に入力できるタイプライターが必要だと言うのである。英語には英文タイプライターがあるからそのまま計算機に入力できる。しかし、日本語は計算機への直接入力ができないのである。日本語入力ができなければ、機械翻訳などできない。

それで、誰でも使えるすぐれた日本語入力装置（つまり日本語タイプライター）をつくりたいという話になったのである。しかし、日常生活で使う漢字、かな文字、英数字記号などの文字種は3000以上もあり、さらに漢字単語には同音異義語が非常に多いことから、誰でも使える日本語タイプライターの実現は不可能であると考えられていた。当時すでに邦文タイプライターという機械もあったが、それは専門のタイピストが小さい活字を巨大な盤から拾って一字ずつ印字する、正式文書作成用の巨大な機械だった。

そんな「不可能問題」に挑戦するという、まさにオーバーエクステンションの研究開発を森は構想したのである。

民間企業の研究所が、そんな夢のような話を正式な研究開発プロジェクトとしてすぐに立ち上げてくれるわけはない。しかし、東芝にはアンダーザテーブルという制度があった。研究グループが自主的に設定する水面下の研究テーマに、研究時間や予算のうち20％程度まで使うことが認められるという制度である。日本語処理プロジェクトをこの制度の対象とする許可を、森は研究所長からもらった。

オーバーエクステンションを現場がなかば秘かに始められる（オーバーエクステンションの密輸入とでもいおうか）のが、アンダーザテーブル制度の本質的な側面である。森のオンザテーブル（つまり公式のプロジェクト）は、以前と同じ文字認識の研究であった。

森は最初にまず、コンセプトをつくった。このオーバーエクステンションによって達成すべき商品のコンセプトである。三つの商品の特徴を、将来の市場がその実現を要求すると予測した順序に森は並べた。そして、現実は長い時間をかけてこの順序通りに進むことになる。

(1) 手書きで清書するより速く日本語文書を作成できること
(2) その装置はポータブル型でどこへでも持ち運びができること
(3) 作成された文書ファイルは電話回線を介してどこからでも自由にアクセスでき、転送できること

このコンセプトをつくるときに、技術の言葉で語らない、ユーザーがやりたいことの言葉で表現することに森はこだわった。そうでないと、技術目線の、ユーザーには意味の小さい開発をしてしまう危険が生まれるからである。そして、でき上がったこの三つのコンセプトが、長いオーバーエクステンションの苦難を乗り越えるのに闇夜の灯台のような貢献をした。

もちろん、まず第一のコンセプトを実現することが当面の最大の課題で、森たちはそれに集中した。その最大の壁は、日本語をコンピュータに入力する方式であった。かな漢字変換方式をとらざるを得ないことは明瞭であった。たとえば、漢字などをパネルに表示してそれをペンで選んで入力するペンタッチ方式は、技術的には簡単であったが入力速度が遅すぎて、第一のコンセプト（手書きより速い）を満たせない。

かな漢字変換方式はすでに九州大学やＮＨＫ放送技術研究所で先駆的な研究が行われていたが、かなを入れると自分の望んだ漢字が最初に出てこないことが頻繁にあった。この場合、正しい漢字が表示される正解変換率が問題になる。当時の学界の研究では、この変換率は80％から85％であった。

しかし、変換率が95％を超さなければ第一コンセプトは満たせないと簡単に計算できたので、それを開発目標とした。しかし、そこまで変換率を上げるのは日本語の特性から不可能というのが、当時の学界の常識であった。

森は、京都大学の情報科学の研究室へ新人の河田を一年間、国内留学させた。コンピュータによる日本語処理の専門家をまず育成するところからの船出であった。自分たちに十分な実力がまだないのに日本語入力システムの開発に乗り出す、まさにオーバーエクステンションそのものであった。

森は、かな漢字変換率の向上を含め、日本語ワードプロセッサ開発（つまり日本語文書作成機）には最初の壁が五つあったと、ワープロ開発を表彰した本田財団での受賞記念講演で語っている（森前掲論文）。

(1) 日本語に多い同音異義語の処理方法
(2) かな漢字変換に適した日本語文法の開発
(3) 「書く」ための国語辞典の開発
(4) 漢字を表示できるディスプレイ装置、プリンタの開発
(5) 嘘字でない漢字パターン（1万字）の開発

まず、日本語には同音異義語が多い。たとえば、「きょう」という音には今日という漢字もあてはまるし、京、強、凶などさまざまな漢字がある。当時はすべての候補語を表示して、ユーザーに選ばせる方法だった。この方法では、ユーザーは同音異義語が出現するたびに複数の候補語の中から特定の単語を選択しなければならない。それには手間がかかり、非常に使いづらい。

そこで森たちは、利用者の単語の使用のクセを学習させるプログラムを用意することに

した。まず、利用者の同音異義語の使用頻度を自動的に計数して、利用者が最もよく使う単語から順に表示することにした。また、同音異義語の中で最後に使われた漢字を最初に表示することにもした。同じ言葉を人は頻繁に使うのである。これらの工夫で、変換率を93％以上に高めることができた。

第二の壁である日本語文法の開発とは、かな漢字変換に適したさまざまな単語の分類ができるような、通常の文法よりはるかに詳細な文法の開発である。たとえば、名詞に「する」をつけると動詞になる名詞（たとえば、「開発」という名詞と「開発する」という動詞）をサ変名詞と名づけて名詞分類を細かくするといった具合である。これも、変換率を高めるのに貢献した。

第三の壁、国語辞典の開発とは、市販の国語辞典には載っていない事務文書や手紙でよく使う単語（貴社、検収、帳票など）や、固有名詞（佐藤、御茶ノ水、富士山など）、派生語（不純物、高精度など）、あるいは省略語などを収録した辞書をつくることである。この辞書の作成はかなり時間がかかるものであった。

こうしたさまざまな工夫の積み重ねの結果、１９７６年、大型計算機のシミュレーションで、森たちのかな漢字変換プログラムの変換率が96・9％となることが実証された。この成果で、それまでアンダーザテーブルだった「日本語処理の研究」というプロジェクトが、研究所内で公式に認められた「オンザテーブル・プロジェクト」となった。

つまり、アンダーザテーブルを5年も続けたのである。オーバーエクステンションを克服する長い雌伏の時間であった。その間にさまざまな失敗が続く。オーバーエクステンションだから当然でもある。その失敗続きで萎えそうになる気持ちを奮い立たせるためには、やはり原点が必要で、それが最初につくった三つの商品コンセプトであった。それは、暗闇の海で進むべき方向を示す光を出す灯台であった。

日本語文書作成機としてのワープロのためには、入力画面となるディスプレイ装置（ブラウン管）と出力の漢字プリンタの両方のハードの開発も必要だった。

漢字をきちんと画面に示すためには、通常のテレビ用よりも高い解像度のブラウン管の新規開発が必要だった。漢字プリンタも、計算機用の漢字ラインプリンタは高価すぎるので、新たに24ドットの小型ワイヤドット・インパクト漢字プリンタを開発した。また、目立たないが、このプリンタで使う24ドットの漢字のパターンを1万字もデザインする必要があった。それに3年の時間が必要だった。

こうしたハード開発の大半は、森たちのプロジェクトでは内製できず、東芝の他部門の開発チームに依頼する必要があった。その潜在能力を東芝全体としては社内のどこかに持っていたが、森のオーバーエクステンションはそのポテンシャルを積極的に利用する努力を社内のあちこちで引き出した。

そして、市場ニーズをもとに表現された三つの商品コンセプトが、それぞれの部門の技術の担当者が森の要請に応えるモチベーションになった。そのコンセプトを実現するためなら意義があることと自分も思えるから、積極的にやろうと、他部門の技術者が思ってくれるのである。

77年11月、日本語ワープロプロジェクトは全社プロジェクトへ昇格し、コンピュータ事業部から青梅工場のコンピュータグループの精鋭も参加した。でき上がったJW-10の試作機は、78年8月に事業部長の前での「速さ」実験に成功した。高卒の女性新入社員がデモのオペレーションで、見事に手書きの清書より速く日本語文書をつくれたのである。

それまではかな漢字変換に多少懐疑的で、ペンタッチ方式の開発をも森たちにさせていた事業部長はその速さに目を見張り、すぐに同年10月の計算機データショーに出品せよという指示を出した。そして、翌79年1月には早くもJW-10の出荷開始。日本語ワープロの本格的市場の歴史がこうして始まったのである。

低価格・高機能のポータブル型ワープロの開発

東芝の成功を見て、多くの企業がワープロ市場に参入した。1982年には、23社も日本語ワープロを販売していた。東芝も、1982年にはデスクトップ型を狙ったワープロJW－1を59万8000円で発売した。重さ11・5キログラムで可搬型ではあるがポータブルとはいえず、森がオーバーエクステンションの冒頭につくった商品コンセプトの二番目、どこにでも持ち運びができるとはなっていなかった。

森自身は80年に、JW－10の成功後に新設されたOA事業部へ製品企画課長として異動していた。そこでポータブル型、デスクトップ型、オフィス型の三種類のワープロ開発をしていた。ただし森はその後、83年に情報システム研究所に戻り、ポータブル型の開発プロジェクトを率いることになる。

この頃から業界では個人層をターゲットにしたワープロ開発が競って行われ、16ドット印刷、単漢字入力などのような機能を絞り込んで低機能として、その代わりに10万円を切る機種が続々と発売されるようになっていた。この「低価格・低機能」の流れを変えたのが、森たちが開発して85年に発売されたポータブル型ワープロJW－R10（ルポ10）という低価格・高機能ワープロであった。

表示画面は液晶画面になり（ただし2行×10字）、内蔵する半導体チップが計算機能を受け持ち、かな漢字変換機能も進化し、プリンタ一体型なのに軽く（重さ3・15キログラム）、何よりも価格が9万9800円であった。JW－10と比べると重さは70分の1、価格は63分の1になっていた。まさに、個人向けの商品であった。これは、すぐに大ヒットとなった。

液晶、半導体チップ、一体型プリンタなどを開発できる技術が東芝の社内各部門にあり、たとえば半導体チップについては、このルポ10やデスクトップ型用のものなど、森は三種類のチップ開発を半導体事業部に依頼していた。

かな漢字変換プログラムも、文章全体を一括して変換可能とする「べた」入力や複文節入力などが実装されたため、変換スピードが大きく向上した。さらに、単語間の「共起関係」を利用して同音異義語処理の精度をさらに高めていた。

共起関係とは、一つの文章の中に出現する単語は相互に意味的な強い関係を持っていることをいう。たとえば、同じ文章の中に旅行、名所、遊覧などの単語があれば、「かんこう」というかなに対応する漢字に「観光」を選べば正解になる確率が高まる。この共起関係をニューラルネットワークの概念で把握して、適切に共起関係辞書をつくって同音異義語の変換効率を上げるのである。

この共起関係処理にはメモリーが必要で、JW-10ではメモリーの制約でこの処理ができなかった。ルポ10の時期には、メモリーを安く使えるように半導体そのものも進化していたし、共起関係辞書も開発できていたのである。この技術により、同音異義語の正解率を最終的には98％にまで向上させることができた。

このルポ10の大ヒットにより、ワープロが真に日本社会の多くの場所に、オフィスにも家庭にも普及していった。そのヒットはまた、森たちがつくった三つの商品コンセプトの順序通りに日本語入力装置が発展していったことを実証することとなった。

ＪＷ－10のヒットで、まずオフィスで「手書きよりも速い日本語文書作成」が根づいた。そしてルポ10のヒットによって、「どこにでも持ち運べる」ために家庭や学校まで日本語入力の利用範囲が広がった。そして最後に、パソコンとインターネットの普及（１９９５年頃）によって、作成した文書ファイルを「どこにでも転送できる」ようになったのである。森たち自身の製品開発は、商品コンセプトの第三にまでは行かなかったが、第一と第二についてはは自らきちんと大きなヒットを飛ばしたのである。

しかし、ルポ10の開発成功に至るまでには、組織の中の雑音に頭を悩ますこともあった。最初の成功（ＪＷ－10）で東芝の中でワープロに関心を持つ人たちが増え、彼らから助けの手が出てくることも多かったが、的外れなお節介や便乗も始まったのである。大きなオーバーエクステンションでは、その初期の成功に付随して起きがちな現象である。

ルポ10に至る道では、営業からの雑音があった。ＪＷ－10の成功の後すんなりと、森の商品コンセプトの次の順序であるポータブル型の開発に全力集中できたわけではなかったのである。

ＪＷ－10というデスクの大きさにもなる大型ワープロの次の開発目標は、デスクトップ型となった。これは、青梅工場に開発チームが一つしかないこともあり、ＪＷ－10の次に小型化を目指す中間点を一つ選ぶとすれば、事業部の開発目標としては説得的であった。そこで、森自身は情報システム研究所に戻り、ポータブル型の研究開発に従事することとなった。

その後が問題であった。事業部が研究所の森に、ポータブル型でなくより高級な大型ワープロ（価格２００万円程度）の開発に路線変更してくれと言い出したのである。10万円のポータブル型だと20台も売らないと２００万円にならないが、高級型なら１台売れば２００万円になる、営業として楽だというのである。

森は怒った。ＪＷ－10発表時に自分が世間に公開した次の開発目標（商品コンセプトの順序）と違うし、時代の流れはポータブル型だという信念があったからである。そこで森は、ポータブル型の生産と営業を家電事業部名古屋工場に持ちかけ、説得してしまう。そこですぐに開発したＪＷ－30という20万円程度の商品がよく売れた。

それを見たＯＡ事業部が、ポータブル型を自分たちのところに戻してほしいと言ってきた。その勝手さに、森はふたたび怒ったという。森自身、この頃は怒りまくっていたと語っている（森健一・鶴島克明・伊丹敬之『MOTの達人──現場から技術経営を語る』46ページ）。

結局は社長裁定で、家電事業部名古屋工場の開発部隊と家電のワープロ営業部隊がOA事業部へ移籍することになり、落ち着くべきところに落ち着いた。これにはいい効果もあった。結果として、青梅工場に開発チームが二つできることになったのである。

ポータブル型の開発がスピードアップし、ルポ10を85年に発売できた。それが、当時の低価格・低機能の競争となっていたワープロ市場に、低価格（10万円を切った）だけれど高機能という革命を起こしたのである。

営業からの雑音も、結局はプラスの結果をもたらすこととなったのである。そのプラスの本質は、かな漢字変換による日本語入力、ワープロという編集機能までついた日本語文書作成が日本社会に普及したことだった。

偶然のタイミングの一致だが、ルポ10発売の1985年に、当時のパソコンのベストセラーであったNECパソコン対応の日本語ワープロソフト「jX-WORD太郎」がジャストシステムから発売された。後に大ヒットする「一太郎」というパソコンワープロソフトの前身である。価格は5万8000円で、3万本ほど売れた。これでもパソコンソフトとしては大きなヒットだった。ルポ10の9万9800円が液晶ディスプレイや感熱プリンタまでついているワープロ機の価格であることを考えると、いかにルポ10がお買い得かがわかる。

ルポ10の大ヒットのおかげで、現在のパソコンやスマホでの日本語入力の基礎ができた。それと同時に、パソコン用の日本語ワープロソフトがどんどん進化していった。インターネット時代の到来とともに、森の商品コンセプトの第三（どこへでも文書ファイルを送れる）が実現することになる。つまり、今からふり返ると、森たちが最初につくったコンセプトの順序通りに日本語入力の技術は進んでいった。

そのコンセプトをオーバーエクステンションの開始時に明確に持っていたことが、さまざまな貢献をしている。オーバーエクステンションの最中には、いろいろな想定外が起きる。開発がうまくいかない時期の暗闇の悩みであり、少し成功すると組織の中の雑音に悩まされる。そうした想定外のトラブルを切り抜けるためには、オーバーエクステンションで目指すコンセプトは何か、それが明瞭であるかがきわめて重要なのである。

世界初のハイブリッド車――トヨタプリウス

エンジンとモーターをともに一台のクルマに搭載して必要に応じて使い分ける、というハイブリッド方式のパワートレイン（自動車の駆動機構）を持った世界初の量産車プリウスがトヨタから発売されたのは、１９９７年12月だった。同じ月に京都で開かれた国連の地球温暖化防止会議を意識したタイミングであった。

燃費がそれまでのクルマの２倍ほどいいという地球温暖化対策にぴったりの大型の製品イノベーションで、その年の日本カー・オブ・ザ・イヤーに選ばれた。しかし、価格が高めで、エンジンが始動や停止を繰り返す（ハイブリッド方式だからこうなる）たびの振動もかなり大きく、すぐに大ヒットしたわけではなかった。98年の販売台数はそれほど多くなく、１万９０００台ほどだった。もっとも、開発時の販売目標であった年間２０００台は大きく超えていた。

その後、二代目プリウス（２００３年発売）でかなりの改良がなされたが、さらに大きく改善した三代目プリウス（２００９年発売）で初めて大ヒットとなった。２０１０年の年間国内販売台数がハイブリッド車（ＨＶ）として初めてトップセラーになった。そして、１９９０年にカローラが記録した年間30万台販売を20年ぶりに更新した。アメリカでも環境意識の高いセレブたちが争って小型車のプリウスに乗りたがる、という世界的なヒットになった。

初代プリウスの発売から12年、プリウス開発のための最初のコンセプトプロジェクトであるＧ21が生まれた95年から数えると、14年の月日が経っていた。やっと製品イノベーションとしての市場での大きな成功と呼べる段階に入ったのである。

プリウスの開発は、大きなオーバーエクステンションであった。開発の中途段階で主要メンバーとして加わったトヨタの技術陣の多くが、99％は発売予定時期までには完成できないだろうと思ったという巨大な「無理」だったのである。内燃エンジンと電気モーターを一つのクルマに積み込んで、両方をスムーズに使い分けて走るというシステムを安いコストでかつ品質的に安定してつくることのむつかしさは、すさまじかったのである。

しかし、プリウスの開発の技術的成功とその後の市場での成功は、モーターを使った電気の動力源で走る自動車というものの時代を実用的に切り開いた最初の例となった。ハイブリッド方式の先に、モーターと蓄電池だけで走る電気自動車（ＥＶ）の時代が来るといわれている。内燃機関であるエンジン自動車の時代とＥＶの時代をつなぐ巨大な架け橋となるハイブリッド方式の成功は、その歴史的意義もトヨタ自動車という企業にとっての意義も巨大である。

だからこそ、プリウスの開発は、公益社団法人発明協会による「戦後日本のイノベーション１００選」というプロジェクトで、トップ10のイノベーションの一つとして新幹線などと並んで取り上げられているのである。

しかも、蓄電池の容量や価格、あるいは蓄電に要する時間の長さ（ガソリン車の給油なら3分で済むが、蓄電池の充電には２０２４年現在でも30分はかかる）や社会インフラとしての充電設備の未整備などにより、完全なＥＶだけの時代への見通しが不透明な状況がいまだ世界的に続いており、ＨＶの歴史的意義はますます大きくなっている。

たしかに、欧州各国や中国の政府によるＥＶへの巨大な補助金政策などにより、２０１0年代後半からＥＶの世界的販売台数は急速に伸びてきた。23年度データ（マークラインズ社調査）によれば、日米欧中など主要14カ国の23年のＥＶ（プラグインハイブリッド車を含む）の販売台数は１１９６万台で、ＨＶ販売台数の４２１万台を大きく上回っている。

しかし、前年比の伸び率で比べると23年のＨＶの30％増に対してＥＶは28％増と、ＥＶの伸び悩みがとうとう始まった。一回の充電で走行可能な距離が短い、充電時間がかかる、寒冷地での暖房が蓄電池ではしにくい（暖房することに電気を使ってしまう）というような理由で、いきなりＥＶに行かずに現実的なＨＶを購入する消費者が増えているのである。

各国のＥＶ補助金効果も一巡している。欧州ではドイツが23年12月中旬からＥＶ補助金の支給を前倒しで停止し、中国でも中央政府によるＥＶ購入の補助金などが22年末に終了した。

そんな中で、ＨＶの世界ではトヨタは一強ともいえる存在となっている。23年の主要14カ国でのＨＶ生産台数は４２１万台で、トヨタはそのうち３４４万台。じつにシェアは82

%近い。

なぜ、HVでトヨタ一強なのか。

欧米の自動車メーカーや日本の日産自動車がプリウスの成功をすぐにフォローせず、むしろディーゼルやEVへと戦略を向けた一つの大きな理由は、HVをきちんとしたコストと品質でつくれず、トヨタには勝てないと思ったからだと思われる。

プリウスの開発リーダーでもあり、その後トヨタの会長になった内山田竹志氏に私が2010年頃にあるシンポジウムで同席した際の個人的会話の中で、欧米勢があまりHVに熱心でない理由を聞いたことがある。彼が静かな声で、「なかなかコストダウンがむつかしいようですよ」と控えめに語ったのが印象的だった。

それほどプリウスという製品イノベーションによってトヨタが得たものは大きかった。その最大のものは、環境対応車への戦略の自由度であろう。HVを戦略の現実的な選択肢に入れて、EVも含めた全方位作戦をとれる立場を手に入れたのである。

しかし、プリウス開発という製品イノベーションは、自動車会社の新車開発の常識からかけ離れたとんでもないオーバーエクステンションだった。プリウスの開発をチーフエンジニアとして現場で率いた内山田が、97年12月にプリウスの初号車が生産ラインから出てきた日（ラインオフという）に開発チーム全員に送ったメールの文章がこのプロジェクトの困難さ、巨大な無理をコンパクトによく表現している。

12月10日お昼少し前に、高岡工場のプリウス組立ラインをグリーンメタリックのプリウス初号車が、集まった関係車の拍手を浴びながらラインオフしていきました。まさに、われわれが心血を注いで開発してきた車両の、歴史的なラインオフの瞬間でした。

93年9月に『G21プロジェクト』として発足した21世紀のスタンダード車づくりが、95年のTHS搭載正式決定などを経て、新技術採用・超短期開発の、全社をあげた一大プロジェクトとして進められてきました。

技術開発・製品開発・生産準備が並行して行われたため、直接の開発部署はもちろん、関係部署・後工程部署・間接部門等全社にまたがった頑張りによって、ラインオフが迎えられたと思います。

途中の道のりが苦しかったにもかかわらず、開発担当者のモラルが最後まで大変高かったのはまさに驚異でした（家村浩明『プリウスという夢——トヨタが開けた21世紀の扉』２１３ページ）

HVの市場化を前提とした開発を本格的に開始するというオーバーエクステンションは、トヨタの経営陣による無理を承知の跳躍であった。内山田のメールにある「95年のTHS搭載正式決定」がその跳躍の内容であり、タイミングである。

THSとはトヨタハイブリッドシステムの頭文字で、さまざまにあり得るハイブリッド方式の中で、シリーズパラレル方式（次節でよりくわしく解説する）というおそらくもっとも困難な方式である。市販車開発へのその方式の採用に、95年6月の技術総合会議（技術開発での最高決定機関）で踏み切ったのである。当時の副社長和田明広のリーダーシップのもとでのオーバーエクステンションであった。

THSは燃費を2倍にするという目標（ガソリン一リットルあたり30キロメートル走るという燃費目標）を達成できる方式というコンセプトではあったが、未知の要素が多すぎた。新車開発プロジェクトのチーフエンジニアであった内山田自身は、とても市販開始目標の99年12月までの実用化は無理だと思っていた。どうしてもだめなら市販を延期する、という了解のもとでのオーバーエクステンションへの出発だった。

右のパラグラフで「市販開始目標の99年12月」と書いたことに注目してほしい。それが、オーバーエクステンションへの出発時の了解だったのである。しかし、実際のラインオフは、内山田のメールにあるように97年12月。95年6月のTHS採用決定から数えると、4

年半の開発期間だったはずのものが2年も短縮されて、わずか2年半の開発期間になっている。それが、内山田がメールの中で「超短期開発」とあっさり5文字で書いていることの内容である。

まったく未知のパワートレイン（この場合ハイブリッド）を、トヨタにとって土地勘の少ない電気関係の技術（電池、モーター、インバーターなどなど）をふんだんに盛り込んで開発する。それが内山田のメールにある「新技術」という3文字の背後のすさまじい内容だった。しかも、市販開始目標時期を2年も繰り上げた超短期の開発。そんな「無茶」にも近い「大きな無理」のオーバーエクステンションだったのである。

未知のパワートレイン、土地勘のない技術

未知のパワートレインとは、そもそも世界中で誰も量産の小型車に採用したことがないハイブリッド方式という、内燃機関のエンジンと電気で動力を生み出すモーターとを併用する駆動系である。しかも、エンジンとモーターのハイブリッドにはさまざまな方式があり得る中で、シリーズパラレル方式というもっとも困難が予想される方式を採用した。これが燃費効率が一番いいという理由からである。それが前節でも紹介したＴＨＳである。

この方式のハイブリッドでは、動力分割機構を設け、エンジンとモーターの両方を動力

源としてうまく使い分けようとする。発進時や低速時にはモーターだけを使用し、速度が上がるとエンジンとの併用に移り、両方を効率よく使いながら走行する。しかし、「効率よく使いながら走行する」ための（エンジンとモーターの）総合制御機構を品質を維持しながら量産することは、きわめてむつかしかった。95年6月にTHS採用をトヨタが決定したときには、まだ試作車がやっと「動いた」という程度の完成度だった。

このパワートレインの採用の背後には、トヨタのトップマネジメントの環境問題への意識の強さがあった。

1992年にリオデジャネイロで開かれた国連環境開発会議で、「環境と開発に関するリオ宣言」が発表された。それを受けてトヨタでも、1992年にトヨタ地球環境憲章（環境の基本方針）を制定し、社長を委員長とする全社横断の組織「トヨタ環境委員会」を設置した。この憲章と豊田英二会長の意向を汲み、1993年9月、副社長の金原淑郎はG21プロジェクト（以下、G21。Gはグローブ〔地球〕の頭文字）を発足させた。21世紀に向けてシンプルで環境性能の高いクルマを提案するプロジェクトである。

トヨタとしての環境対応車のコンセプトを決めるワーキンググループとして出発したこのプロジェクトは、94年1月に製品開発プロジェクトとして正式に発足し、内山田竹志がプロジェクトリーダー（チーフエンジニアが社内の呼び方）に任命された。そして、半年後の94年7月にG21は役員会にコンセプトを報告し、すぐにOKが出た。ただし、このときのコンセプトは環境対応ガソリン車で、燃費効率目標は現状の1・5倍というものだった。

そして4カ月後の94年11月、内山田に対して開発担当副社長の和田明広と技術担当常務の塩見正直は、翌年(95年10月)の東京モーターショー(現ジャパンモビリティショー)にG21のコンセプトカーを出品することを示唆した。示唆とはいえ、ほとんど指示といっていい。和田と塩見は、すでにHVへのオーバーエクステンションを考えていたのである。

しかし内山田は、ハイブリッドが当時まったく未完成の技術であることを知っていたため、自分が最終的に責任を持つ「21世紀対応量産車」としてのハイブリッド採用はとても無理だと思っていた。モーターショーへの出品だけならいいか、と引き受けざるを得なかった。このコンセプトカーの名前が、プリウスであった。

結果としてモーターショーに出品されたハイブリッド車は、キャパシターと呼ばれる巨大コンデンサーでモーターを動かす方式の、いわば簡便型のハイブリッドだった。とてもTHSを出品できる状況に95年10月にはなっていなかったのである。

しかし、G21としてもHVの開発を探るべきと考えた和田は、95年1月に技術開発センターの中にG21とは別組織として、HVのコンセプトが成立するか、方式としてベストなものは何かを研究する先行開発のチームを発足させた。これがBRVF室（Business Reform Vehicle Fuel economy の頭文字）である。

ハイブリッドには、大別してシリーズ方式とパラレル方式がある。シリーズ方式は、エンジンで発電機を回して蓄電池を充電して、その蓄電池の電気でモーターを回して車輪を動かす。エンジンとモーターが連続してつながっている。パラレル方式では、エンジンで車輪を回す機構と電池でモーターを動かして車輪を回す機構を並行して使う。シリーズパラレル方式では、エンジン単独、モーター単独、エンジンとモーターの併用、エンジンで発電機を回してそこからモーターへ電力を供給するなど、さまざまな車輪の回し方をすべて使う。当然に、シリーズパラレルは複雑な機構になる。

BRVF室は95年5月にシリーズパラレル方式をとることを提案し、6月には技術総合会議でTHS採用が正式決定されたのである。わずか4カ月で、主にコンピュータシミュレーションを繰り返しただけで、燃費効率の一番いい方式を提案したのである。

その結果、G21が量産目的で開発しているクルマにTHSを採用することが決められた。決め手は、G21のもともとのコンセプトのガソリンエンジン車では燃費効率が従来の1・5倍にしかならないが、THSでは燃費効率が2倍になるという計算があったからである。そして、その量産車のラインオフは99年12月とBRVF室は提案していた。内山田はこのラインオフ時期もきわめてむつかしいと考えていたが、呑まざるを得なかった。

この未知のパワートレインの実用開発の難題は、数多くあった。エンジンとモーターの動力分割機構としてのプラネタリー・ギアというハード部品の開発、エンジンとモーターを切り替えて使う総合制御機構の開発、電池の開発、電池の直流とモーターで使う交流との間の電流変換装置としてのインバーターの開発など、さまざまにあった。

その難しさの程度はかなりはなはだしく、96年3月にBRVF室長として東富士研究所から着任したエンジン開発の専門家・八重樫武久は、着任直後にそれまでの開発実態を知って、こう語っている。八重樫は後にハイブリッドの父と呼ばれるようになる技術者である。


エンジン屋、パワートレイン屋は誰ひとり、期限内にこんなものがうまくいくとは思っていなかったです。……僕もね、九十五というか九十九%だめだなって感じていた（木野龍逸『ハイブリッド』１０３ページ）

そして八重樫はＴＨＳ開発の最大の難関について、こうも語っている。

ハードとしてのＴＨＳのメカはたしかにシンプルです。でも、それをまったく破綻なく動かして、さらに量産の市販車としてその性能を保証するような制御を、どうやって作りあげるか。プリウスではこれが一番辛かったですね（家村前掲書、１７３ページ）

つまり、エンジンとモーターを使い分ける総合制御機構の開発が、これまで世界中の自動車会社が量産車レベルで誰も挑戦したことがなく、わからないことも多い一方で解決しなければいけない問題だったのである。

その制御は、運転者が踏むアクセルとブレーキとそのときのクルマの速度に応じて、どのタイミングでエンジンを回し、どのタイミングでモーターを回すかという二つの動力源の割り振りの制御であり、また蓄電池へ充電のタイミングと充電時間の長さを決める制御であった。すべてをコンピュータが制御するのである。そんな制御ソフトは誰もつくったことがなく、しかもそのソフトを搭載した半導体もつくらなければならない。

この制御方式が生み出したエンジン車にはないエンジン振動問題もまた巨大な難問であった。モーターで低速で走り出すＴＨＳハイブリッド車は、あるタイミングでエンジン駆動に切り替わる。その瞬間にエンジンが始動する。その始動時にエンジンが「ブルッと」

揺れるように振動する。そして、クルマの速度が下がってくると、エンジンを止めてモーター走行に入る。そのときにもエンジンが止まることでまた振動が発生する。つまり、エンジンとモーターを使い分けるシリーズパラレル方式では必然的に、エンジンの頻繁なオンオフが発生する。そのオンオフがエンジン振動問題を生み出すのである。

この問題の解決はじつに厄介で、一代目プリウスでは不十分な解決のまま商品化された。だから、多くの利用者がかなりの不快感を覚えた。不十分ながらもエンジン振動がある程度にとどめられたのは、エンジンにガソリンを噴射するタイミングを細かく制御してエンジンの動きを抑えられたからである。それには、クラウンというトヨタの代表的なエンジン車用に開発されてきたガソリン噴射タイミングの制御メカニズム（ＶＶＴ－ｉ）が使われた。これがなければ、プリウスの市場投入はもっと遅れていた可能性が高い。トヨタの過去からの蓄積がプリウス開発に大きく貢献した具体的な例の一つである。

しかも、ＴＨＳ開発の際の多くの難題は、自分たちで大量につくった経験がない、これまでは外部に主に依存していた電気部品関係の技術開発であった。大きなものだけをあげても、電池、モーター、インバーターなどである。つまり、トヨタにとって土地勘のない技術分野での新技術開発というオーバーエクステンションであった。

それでも、パワートレインの心臓部をハイブリッドが担う以上、それらの電気部品はクルマの主要部品という位置づけに変わる。それならば、内製するしかないとトヨタの生産部門は決意した。これも、電気という土地勘のない世界で生産技術としての未知へ挑戦するというオーバーエクステンションであった。

電池の開発は、プリウス開発の最大の難関の一つだった。電池は電気化学分野の技術で、トヨタにその土地勘はほとんどなかった。したがって、電池専業の松下電池工業との合弁企業での共同開発生産を、トヨタは選択せざるを得なかった。

しかし、松下にとってもふつうの乾電池ならいざ知らず、288ボルトという電圧を必要とする電池を、品質も含めてTHSが要請するような性能で生産するのは至難の業だった。ふつうのガソリン車に載っているバッテリーは12ボルトの電圧だが、モーターを回すための電池はそれほどの大きな電圧を必要とするのである。

しかも、電池の寿命と交換が問題だった。ふつうのクルマでは、パワートレインの主要部品の交換などは滅多にない。しかし、寿命がある電池という製品で、しかもハイブリッドゆえに放電と充電を繰り返すという激しい使い方で、どのように電池の劣化を防ぐのか。この問題に対して、充電率を40％から60％の間に保つように充電と放電を制御すると、電池は壊れにくいし劣化もしにくいことを共同開発チームが発見した。松下電池工業にもなかった知見であった。

あるいは、電池を熱からどう守るか。電池自身の発熱もあるし、クルマの中での温度上昇もある。どこに電池を置くのが最適なのか。誰も経験したことのない未知の問題だった。結局、電池には新規開発のニッケル水素電池が使われ、後部座席とトランクの間のスペースに置かれることになった。

こうした難関を少しずつクリアしながら、電池の性能が計画通りの水準を達成できたのは、ラインオフのわずか半年前であった。

超短期開発

1996年5月、生産担当の工場別割り振りが決まった。内山田のメールにある「生産準備」が本格的に始まったのである。最終組み立ては高岡工場、モーター生産は本社工場などと割り振りが決まった。

それからラインオフ予定時期まで、わずか1年7カ月。いくつもの未知があった。たとえば、自分たちがこれまで生産したことがない電気関係の部品をつくり、かつエンジン、モーター、発電機、動力分割機構（プラネタリー・ギア）、インバーターなどいくつものユニットを小さなエンジンルームの中に入れ込まなければならない。そうした未知の生産準備を、これほどの超短期でやらざるを得なかったのである。

それを象徴するような事件が96年12月に起きていた。モーター担当となった本社工場の試作部門が、モーターも含めてエンジンルームの中にさまざまなユニットの組み付け試作をしていたところ、プラネタリー・ギアがケースにぶつかって組み付けができないのである。

原因は、超短期の製品開発だったがゆえに、ＣＡＤで図面をつくってきちんと多くの部品の間の整合性を確認し、狭いエンジンルーム内にすべて組み付けられるかの事前確認という当たり前の作業を十分にやれなかったことだった。その不十分さが、超短期で生産準備をしていた本社工場の作業を邪魔したのである。幸いなことに、プラネタリー・ギアを開発した部隊がすぐに対応して、生産計画などに大きな遅れが出ることはなかった。

モーター担当になった本社工場は、これまでモーター生産の経験がまったくなかった。その上、これだけのかなり大型のモーターを月間２０００台の規模で生産する経験など、トヨタ社内はおろか世界にも類がなかった。当然に、開発部隊・技術部隊とつねに連絡をとり合って、急な設計変更の要請に対応する必要が出ることが想定された。物理的な場所として本社技術部にも近く、生産技術センターにも歩いて5分という本社工場がモーター生産担当に決まった、という理由もあった。それほどの超短期の未知の生産準備だったということである（碇義朗『ハイブリッドカーの時代――世界初量産車トヨタ「プリウス」

開発物語』154ページ)。

そもそもどんな新車開発でも、内山田のメールにあるような「技術開発・製品開発・生産準備が並行して行われる」ことは滅多にない。その上、これだけの難関があちこちにある新車開発は、それ自体がごく稀である。なのに、あえて超短期開発というオーバーエクステンションを断行した。

超短期開発を現場が強いられたのは、二度にわたるトヨタのトップマネジメントによるラインオフ予定時期の繰り上げがあったためである。

最初はTHS採用決定の95年6月の技術総合会議で、開発現場は99年12月のラインオフを想定してのTHS提案をしたのに、それを一年繰り上げるように副社長の和田が指示した。二回目の繰り上げはそのわずか半年後の95年12月で、開発企画会議で会長の豊田章一郎と社長の奥田碩が声を揃えてさらに一年繰り上げ(97年12月ラインオフ)を指示した。当然彼らは、97年12月に京都で国連の地球温暖化防止会議が開かれる予定があり、日本が議長国になっていることを意識していただろう。

この二回目のラインオフ繰り上げ指示のとき、THSの装置を載せた最初の試作車がやっと「動いた」ばかりであった。動くには動いたが、500メートル進んで止まる状況だった。こうした開発状況を知った上で、「非常識」というべきラインオフ繰り上げをトヨタのトップが決断した最大の理由は、HV開発成功を世界へ向けて発信できることのインパクトの大きさであろう。それを、会長の豊田章一郎も社長の奥田碩も狙っていた。プリウスという新車の売上金額や利益が最大の目的なのではなく、こうした開発成果を世に問うこと自体、それができる技術蓄積を社会に発信すること自体が大切だったのである。

97年10月14日、プリウス発表会が東京のホテルで開かれたが、その席での奥田の挨拶がトヨタのトップの意図を明確に表現している。

> このプリウスはトヨタの変革への挑戦から誕生した、自動車の21世紀を目指した新しい価値の提案であります。このプリウス以降もトヨタはさらなる技術革新に挑戦し、社会のニーズにこたえ、自動車に課せられた夢と課題を現実のものとすることで、21世紀をリードする企業でありたい（碇前掲書、182ページ）

この目論見は、見事に成功した。日本市場で環境問題に意識の高い顧客の需要を思いの外に獲得できた。98年の販売台数は1万9000台ほどだったが、発売前の計画値2000台をはるかに上回っていた。

プリウス発売が京都会議に間に合ったことの国際的なインパクトも大きかった。アメリカのビッグスリーも追随の姿勢を見せた。しかし、彼らは追随できなかった。それほどHVの開発はむつかしいのである。

トヨタにとっても、むつかしかった。だから、初代プリウスはコンセプトは秀逸でも、クルマとしての仕上がりはそれほど高くなかった。その後の二代目プリウスで本当の開発完成というべきかもしれない。

ハイブリッドの父と呼ばれるようになった八重樫は、こう語っている。

初代は本当にお客さんに育てていただいた。……白状すると、自分では納得できる状態ではなかった。……お客さんには喜んでもらっているし、今も走っているけれど、〝環境でゴメンね〟というクルマだった（木野前掲書、169ページ）

こういう認識から、内山田と八重樫は初期不良や故障へのサービスに開発部隊を組み込む体制を初代プリウスの発売当初から用意した。プリウスを使用しているお客様からトラブル発生の一報が入ると、開発に関わった技術者が直接対応にあたり、しかもできるだけプリウスに乗ってトラブル現場に行くのである。

こうすると、現場のサービススタッフに開発技術者から適切に指示ができる。もし部品の故障があれば、技術者が乗っていったプリウスの部品と取り換えることも可能である。そして何より、故障発生の細かな情報を技術者が直接入手できることになる。それを開発現場にフィードバックして、さまざまな改善に生かすのである。

とにかく市販すること、世に出してみることの大切さを強調したのは、副社長の和田であった。彼はこう言う。

世の中に出さなければ絶対にレベルアップしない。……市場に出すことでモノが良くなっていく。向上する部分は価格や性能などいろいろありますが、社内でゴソゴソ研究しているだけでは大きな進展はない（木野前掲書、１６９ページ）

ハイブリッドの基礎開発にも携わったことのある技術者で、技術担当常務にまでなった加藤伸一も、市販化と量産化を明確に目指したことが成功の原因だと語っている。

仮にG21を直噴ガソリンエンジンでやって、それに並行して、ＢＲＶＦでハイブリッドを研究していくという二本立てだったとしたら、ハイブリッドの開発はさらに遅れたはずだ。もしそうしていたら、ハイブリッドカーは、いまでも誕生していないだ

ろう。製品化するということで、開発も生産もパワーを出せる（家村前掲書、227ページ）

市場化の夢の大きさの意義、顧客の生の声の圧力の意義とでもいおうか。この思いを、トヨタでは技術開発の現場、製品開発の現場、生産の現場、さらにはトップマネジメントも共有していたと思われる。製品化すること、実際に市場で事業活動を行うことのもたらす巨大なインパクト（つまりオーバーエクステンションのインパクト）への信念が、プリウスを成功させ、トヨタに環境対応の全方位戦略をとれるだけの大きな技術蓄積を可能にしたのである。それが、巨大な無理を成功させ、無茶にはしなかった基盤だった。

第3章

オーバーエクステンションの基本論理

経営は
無理をせよ、
無茶はするな

四つのオーバーエクステンションの共通点

これまでの二つの章で詳細に紹介してきた四つのオーバーエクステンションには、少なくとも以下のような五つの共通点がある。

⑴ 到達点に大きな夢がある
⑵ そのときの組織の能力基盤をかなり超えた挑戦であった
⑶ さまざまな困難な新しい仕事を現場が始めざるを得ない
⑷ 当初は組織内でそれほど支持されていない
⑸ 途中でさまざまな想定外の困難に遭遇する

第一の共通点の「到達点の夢」とは、具体的には事業構造の大変革であり、大きな製品イノベーションである。それぞれが、日本を、世界を変えた大きなできごとであった。そして、多くの人にわかりやすい夢の実現が、そのオーバーエクステンションの成功から生まれる。それを夢として組織が受け止めることができるからこそ、困難の大きいオーバーエクステンションへ踏み出すことができる。

ヤマトの場合は宅急便の創業であり、商業貨物からの事業転換であった。それを多くの人にもわかりやすい夢として表現すれば、日本で初めての親方日の丸でない、個人の生活を変えるような配送サービスである。

アマゾンの場合はインターネット小売業からマーケットプレイスへ、そしてフルフィルメントバイアマゾンへというインターネット流通業の世界での事業構造の拡大であり、さらにはクラウドサービスというITプラットフォームでの巨大な事業の誕生というおまけまでついてきた。それをみんなにわかりやすい夢という観点で表現すれば、小売りというサービスの実現の仕方が消費者の側でも供給者の側でもインターネットによって激変し、きわめて便利になったのである。

日本語ワープロの到達点で起きたのは、具体的には大型の日本語文書作成機のイノベーションであり、低価格・高機能のポータブル型ワープロの製品開発であった。そしてその背後に、日本語入力システムとしてのかな漢字変換の日本初の実用化という巨大なできごとがあった。それを人々にわかりやすい夢という形で表現すれば、日本人が初めて日本語タイプライターを簡便に手にし、情報機器への日本語入力の手段をみんなが手に入れられるという夢である。

ハイブリッド車プリウスの場合は、具体的には世界初のハイブリッド乗用車の量産開発という大きな製品イノベーションであった。その背後に、パワートレインから電池に至るまで多様な部品のイノベーションがあった。そして、人々にわかりやすい到達点の夢としては、地球環境改善に向けた大きな一歩となるという夢がある。

四つの事例の第二の共通点は、いずれのオーバーエクステンションもそのときの組織の能力基盤をかなり超えた挑戦だったということである。自分たちにその挑戦を成功させる実力がまだ不十分である段階で、あえて見切り発車をしている。

個人荷物の宅配のシステムもノウハウもないヤマト、本を扱っているだけで他の商品の仕入れもままならない状態で多種の商品へとインターネット小売りの仕組みを拡大しようとしたアマゾン。学界では不可能問題といわれていたかな漢字変換率95%を目指し、大学へ新人技術者を国内留学させるところから始めた東芝の森。まだよちよち歩きを始めたばかりのハイブリッド方式をあえて市販車に搭載しようとしたトヨタの和田。

まだまだ他にも、四つの事例には「組織の能力基盤を超えた挑戦」の具体例がたくさんある。それでもあえて挑戦を始めるのである。その挑戦から、現場で新しい能力基盤の形成に拍車がかかることを狙っている。それが、オーバーエクステンションの本質であった。

そのためには、第三の共通点が必然となる。現場が、新しくて自分たちの得意ではない分野の仕事・業務を始めざるを得なくなる。そんな業務を新たに持ち込まなければ、それまでの自分たちの能力基盤だけでは、とても間尺に合わないのである。新しい事業の仕組みづくり、新技術の探索などのための具体的な仕事に現場が挑戦せざるを得なくなっている。

それも、かなりの無理である。日本語ワープロの場合、かな漢字変換の専門家などいないのに、東芝の現場がその変換効率を上げる仕事に挑戦している。ヤマトの現場では、集配センターの建設、集配用トラックの新規開発、集配プロセスの管理のための情報システム開発など数々の「新しい具体的な仕事」が現場で始まった。トヨタの現場では、ベテランの開発者でさえ「これはまず目標期間内には無理」と思うような開発の短期デッドライン設定が行われていた。

こうしたさまざまな「無理」を現場が経験することが容易に想像されるから、じつは四つの事例に共通する第四の共通点が生まれる。オーバーエクステンションの開始当初は、組織内での支持は大きくないのである。むしろ、強力な反対意見があった。

ヤマトの個人宅配は、業界の常識的な採算ベースにはとても乗らないと、小倉以外ほとんど社内は反対だった。アマゾンがマーケットプレイスを始めようとしたときには、それまで苦労してインターネット小売業としてのアマゾンをつくってきた部門が、競争相手に自社のプラットフォームを使わせるなど敵を利するものと大反対した。

東芝では、日本語処理のプロジェクトはすぐに研究所内で承認されたわけではなく、アンダーザテーブルとして水面下で5年も開発が続いた。トヨタでは、プロジェクトのチーフエンジニアである内山田自身が最後まで早期の市販開始を渋り、他の主要メンバーも懐疑的だった。

オーバーエクステンションの初期に必ずしも組織としての支持が大きくないばかりか、最後にあげた「想定外の困難」も四つの事例に共通している。オーバーエクステンションの到達点に着くまでにさまざまな困難に組織が遭遇するのである。その多くは、事前には想定できていないものである。それを乗り越えて、やっと到達点にたどり着いている。

ヤマトの宅急便の場合、全国ネットワークの完成に至るまでにさまざまな困難に遭遇する。たとえば、個人宅で不在であるために翌日配達の約束が果たせないという困難。あるいは、全国へ翌日配達を可能にするための自社のトラック輸送免許が運輸省から下りないという困難。

アマゾンの場合、インターネット小売業に乗り出した際には、そもそも仕入れ先が簡単には商品を納入してくれなかった。アマゾンプライムやアマゾンフルフィルメントの実行には、倉庫の効率化や労務管理、さらには自社の運送部隊の確保という困難があった。

日本語ワープロの場合には、ペンタッチ方式とかな漢字変換方式の間で、事業部長さえペンタッチを支持するという障壁があった。かな漢字変換効率を上げようとしても、コンピュータのメモリーが高価であるという制約にもぶつかった。

プリウスの場合、トヨタとして土地勘のない電気関係の技術がパワートレインの中核になるために、電池技術ばかりでなく、モーターやインバーターの技術開発というハイブリッドシステムの開発とは別の困難も多く出てきた。あるいは、ハイブリッドゆえにエンジンの起動と停止を繰り返すために発生する振動をどう減らすかという想定外の難問。

想定外の困難がオーバーエクステンションの経路でいくつも出てくるとき、それらを乗り越えようと人々が努力する原点には、四つの事例の第一の共通点（大きな夢）があったであろう。その夢を実現しようとするエネルギーが、想定外の困難をも乗り越えさせる。

そもそも「無理な挑戦」が組織として始まるのも、オーバーエクステンションの到達点がもたらす大きな夢があるからである。オーバーエクステンションの出発点で、すでに多くの困難が予想されている。それでも、あえて無理な挑戦に乗り出す。その上、オーバーエクステンションの経路には想定外の困難も出てくる。そこでめげずに挑戦を継続するからこそ、到達点にたどり着ける。そのたどり着くプロセスを人々が歩むとき、到達点にある夢がふたたび大きな支えになろう。

こうして五つの共通点が四つの事例でいうとどの具体的な事実に該当するのかを示した

が、これら以外にも四つの事例では五つの共通点にあてはまる多くの具体的な事実がある。そして、こうした五つの共通点ゆえに、オーバーエクステンションによって組織内の能力基盤が拡大形成され、その基盤拡大がこれまでにはなかった市場需要の獲得に貢献するのである。

オーバーエクステンションの三つの基本論理

なぜ、オーバーエクステンションが能力基盤の拡大・強化につながり、それが企業成長のバネになるのか。

その基本論理の三つのキーワードは、夢、緊張、覚悟である。それぞれのキーワードを核として、三つの基本論理、つまりなぜオーバーエクステンションが成功するかの論理があるというのが、この本の主張である。その三つの基本論理の全体像をまずこの節で解説しよう。そして、次節以下でそれぞれの基本論理のくわしい解説をしたい。

オーバーエクステンションという、「自分の実力（能力基盤）が自分のやりたいことを成功させるには不十分な部分がかなりあることを承知の上で、そのやりたいことに挑戦し始める」という戦略は、組織に（トップにも現場にも）三つのものをもたらす。それが、夢、緊張、覚悟である。

オーバーエクステンションは、組織に夢をもたらす。将来の到達点まで目を向けると、オーバーエクステンションの成功がもたらす夢がそこにある。たとえばプリウスの場合、世界初の環境対応ハイブリッド車の実用化という夢である。

しかし、オーバーエクステンションは組織に緊張をもたらす。自分の足元を見つめれば、自分の能力基盤の弱さが当然に目に入る。その弱さを抱えたまま挑戦を始めれば、緊張をもたらすのは当然である。その緊張は、今の能力基盤と夢の実現が要求する能力基盤との間のギャップにより生まれる。つまり、実力不足で仕事を始める緊張である。

四つの事例の中でもっともわかりやすいプリウスの例でいえば、未知のパワートレイン、土地勘のない技術という、当時のトヨタの実力ではすぐに実現することはむつかしいと誰しもが思うような能力基盤のギャップである。

さらにいえば、オーバーエクステンションに乗り出すには、挑戦するという決断が必要である。ヤマト、アマゾン、トヨタの場合は経営者の決断であり、東芝の場合はプロジェクトリーダー（森）の決断である。プリウスの例でわかりやすいのは、世界初の未知の技術開発を「超短期」で行うという決断である。

その決断する人の背中には、当然ながら、その決断をあえて行うという覚悟が見え、浮き出る。その覚悟の背中を、組織の人々は見ている。それを、オーバーエクステンションが挑戦の背中の覚悟を生み出していると表現してもいいだろう。

こうして、オーバーエクステンションに乗り出すことが、次の三つのものを組織に生み出すのである。

⑴ 到達点の夢
⑵ 能力不足ゆえの緊張
⑶ 決断の背中ににじみ出る覚悟

それぞれの「生み出されたもの」に対して、組織が、現場がどのように反応するか。その反応から、オーバーエクステンションが機能する（成功する）ための次の三つの基本論理が生まれる。

⑴ 夢からのエネルギー供給の論理
⑵ 緊張からの現場学習の論理
⑶ 覚悟からの意識集中の論理

夢からのエネルギー供給の論理とは、オーバーエクステンションの到達点が持っている夢が、それを実現したいというモチベーションを大きくする、という論理である。モチベーションという意味の心理的エネルギーが、夢によって組織に供給されるのである。到達点そのものだけでなく、そこまでの前人未到の新しい行程を自分たちは歩んでいるというプロセス自体の充実感も、心理的エネルギーを供給することが十分にあり得る。

そうして供給されるエネルギーの大きさが、オーバーエクステンションへの障害を乗り越えるエネルギー、あるいは現場学習をさらに加速しようとするエネルギーにつながって、組織としてオーバーエクステンションの目標点に早く到達できる可能性が高まるのである。

緊張からの現場学習の論理とは、能力基盤不足という事態をなるべく早く解消したいと現場が懸命の学習を行って能力を身につけていくという論理である。現場は、自分たちの能力不足をひしひしと感じる。そこから、その不足が長く続けば組織として危険な状態になるという緊張感が生まれ、その緊張感が現場の努力を加速する。

その結果、学習活動が活発になり、能力不足を解消する方向に能力基盤が強化されていく。現場で仕事をしていることがじつは仕事からの学習活動という側面を併せ持っていることから生まれる、現場学習の活発化という論理である。

覚悟からの意識集中の論理とは、オーバーエクステンションに対して反対があるのに、あるいは支持が大きくないのに、さらには多くのまだ見えない困難がありそうなのにあえてオーバーエクステンションに乗り出す決断をする。その「本気の背中」(経営者あるいはリーダーの背中)が持つ組織のメンバーへの説得力が現場に覚悟を伝え、その覚悟ゆえに組織全体の意識、現場の人々の意識がオーバーエクステンション達成へと集中されるという論理である。

その意識集中が個人の士気を高め、組織としての一体感を生む結果、組織全体の努力水準が上昇したり、みんなの方向性が一致して組織内で協力体制がしっかり整ったりして、オーバーエクステンション達成の可能性が高まるのである。

この三つの基本論理はいずれも、出発点に人間の心理(夢、緊張、覚悟)があり、カネの計算の論理が出てこないのが面白い。単純な経済の論理ではないのである。それが、オーバーエクステンションが通常の戦略論ではあまり扱われてこなかった最大の理由だろう。

だが、三つの基本論理があるからといって、どのオーバーエクステンションでも同じマグニチュード(大きさ)の達成に向けたインパクトを持っているわけではないだろう。オーバーエクステンションの状況によっては、覚悟や夢の論理の比重が小さいものもありそうで、緊張からの現場学習の論理がもっとも普遍的でかつインパクトも大きなものであろうと思われる。

また、こうした基本論理はオーバーエクステンションを始めれば自動的に機能するというわけでもない。それぞれの論理が機能しやすいような手配りが求められることも多いだろう。どんな手配りが必要かは、オーバーエクステンションのプロセスマネジメントの議論として、次章でくわしく議論しよう。

夢からのエネルギー供給の論理

オーバーエクステンションが成功してその到達点にたどり着くと、そこには素晴らしい成果、それもたんに利益が大きいというだけでなく、社会的にもインパクトのある成果が待っている。それが、オーバーエクステンションの到達点の夢である。

そんな夢が、能力基盤のギャップを抱えて出発するオーバーエクステンションを実行する人々に心理的エネルギーを供給する。自分たちは、社会が望む素晴らしい成果を目指しているのだというモチベーション効果である。

この本で取り上げた四つのオーバーエクステンションの事例にはすべて、そうした夢が含まれていた。

ヤマトの宅急便の場合、個人が荷物を自由にかつスピーディにそして安価にどこへでも送れる、それを多くの人々が喜ぶという夢である。アマゾンの場合、インターネット経由の小売業・市場業が人々のモノを買う、モノを売る、モノを受け取るという作業を劇的に簡単で、しばしば楽しいものにする。日本語ワープロの場合の夢は、日本語をみんなが簡単に情報機器に入力できる便利さであろう。ハイブリッド車の場合は、地球温暖化ガスの排出を少なくできることによる環境問題への大きな貢献である。

そうした夢が明確にあることはもちろん、オーバーエクステンションが生み出す膨大な市場需要を感じさせる。だからこそ、企業がその夢の実現に本気になるという面があるだろう。しかし、市場需要とそこからの利益だけでは、オーバーエクステンションの克服というかなり苦しい行程を人々が歩み続けるのはむつかしいだろう。

夢によって供給される心理的エネルギーは、成功報酬というような金銭的報酬だけで供給される心理的エネルギーよりは、むしろたしかで持続可能性が高いエネルギーのように思われる。人はパンのみにて生くるにあらず、ということである。

内山田がプリウス初号車のラインオフの直後に開発メンバー全員に送ったメールを前章で紹介したが、そのメールの最後の文章が示唆する意味の一つは、夢が供給する心理的エネルギーであったと思われる。

途中の道のりが苦しかったにもかかわらず、開発担当者のモラルが最後まで大変高

かったのはまさに驚異でした（家村前掲書、213ページ）

また、宅急便進出からしばらくの間、小倉が「ありがとうと顧客に言われて感激するドライバーがいる、顧客の感謝の気持ちを受け取ることでドライバーたちも余計にやる気が出る」というような話を社内報などでしきりに強調するようになったことを第1章で紹介したが、それは日本中の顧客の喜ぶ顔という夢をことさら強調しているのである。

小倉は、そんな夢が宅急便というオーバーエクステンションの先にあることを説いて、それを働きがいにして宅急便の初期の苦闘をともに乗り切ろうと社員たちを鼓舞しているのである。それをこの節の言葉で表現すれば、夢が供給できる心理的エネルギーを実感してほしい、という小倉の思いなのであろう。

こうした夢からの心理的エネルギーがオーバーエクステンションにとって意義を持つのは、二つの効果が期待できるからである。一つは、オーバーエクステンション克服に必須となる「現場学習の努力」のエネルギー源である。こんな夢があるのだから、もっと学習を加速しなければという気持ちに現場がなる効果である。

もう一つは、オーバーエクステンションのつらさを耐えるエネルギー源としての効果である。とくに現場学習に限らず、そもそも心が折れないように、自分たちはこんな夢に向かっているのだと自ら心を励ます効果である。苦しい時期を頑張り抜くエネルギーといってもいい。

内山田の例にも、小倉の例にも、この二つの効果がともにあるだろう。あえていえば、商業貨物の低迷から脱出しなければという危機の状態でのオーバーエクステンションであったヤマトの場合には、第二の苦しい時期を乗り切るエネルギーの方が意義が大きかったであろう。

オーバーエクステンションの中にはしかし、心理的エネルギーを生めるような「共感しやすい夢」がないオーバーエクステンションもあるかもしれない。その場合も、緊張からの現場学習の論理は機能するだろうが、それだけではオーバーエクステンションの貢献を十分に獲得できないこともありそうだ。オーバーエクステンションは、現場が苦労すればそれでプラスという話ではないのである。

したがって、オーバーエクステンションの意義をよく考えて、共感できる夢を現場が感じられるようにさまざまな手配りをすることがかなり重要だろう。小倉の例でいえば、宅急便のコンセプトとして「翌日配達」を大きく打ち出したことは、もちろん顧客への説得という意義がもっとも大切だったのだろうが、ヤマトの現場の人々にもわかりやすい「宅急便の夢」の言語化の意義もあったと思われる。

あるいは森の日本語ワープロの例でも、第2章で紹介した日本語ワープロの進化の三段階を示す商品コンセプトの意義について、次のような意味のことを私は本人から聞いたことがある。

そのコンセプトが、開発に苦渋して困っている時期に、なにを目指すべきかをあらためて教えてくれる「暗闇の海の灯台」になってくれた。それで頑張れた部分があった（森・鶴島・伊丹前掲書、33ページ）

つまり、日本語ワープロという夢の具体的な進化イメージが、オーバーエクステンションを乗り越えるために苦闘したつらい時期に、迷う現場が頑張るエネルギーを与えてくれたというのである。

この小倉と森の例に共通しているのは、オーバーエクステンションの到達点の夢を、より具体的な商品のコンセプトのようなわかりやすい言葉で表現し直すことの大切さである。それが「翌日配達」であり、「手書きより速い、そしてポータブル型」である。そうした表現を現場と共有することが、オーバーエクステンションの夢が現場に実際にエネルギーを供給できるようになるための助けとなる。夢は存在すればそれだけでいいということではないのである。

緊張からの現場学習の論理

オーバーエクステンションの緊張がどのように現場学習を促進させ、加速させるのか。その論理は、緊張が生み出す次の三つの効果がつながり合って生まれるものである。

・現場シグナル効果
・現場学習加速効果
・ポテンシャル顕在化効果

ひらたくまとめてしまえば、緊張が「どんな能力がとくに欠けているか」についてのシグナルを現場に送ることになる。そうして明確になった「とくに能力不足解消の努力が重要な部分」について現場の仕事で強度を重点的に高めることで、現場学習が強化される。

さらに、実地学習だけでは補えない能力基盤の弱さが出てくると、その弱さを補強できるポテンシャルが組織の中のどこかにないかについて探索が強化される。その結果、ポテンシャルが見つかり、顕在化する。こうして能力基盤の弱さが補強され、オーバーエクステンションが解消され、結果として事業活動がうまくいくようになる。

こうした「緊張からの現場学習の論理」の出発点は、緊張が生み出す現場シグナル効果である。オーバーエクステンションをして、実際に現場で仕事を始めてしまうと、現場はひしひしと何が自分たちに足らないかを感じることになるだろう。能力基盤をかなり欠いた部分があることを承知の上で仕事をせざるを得ず、顧客の反応を感じる、あるいは想像せざるを得ないからである。

たとえば、ヤマトが実際に宅急便を始めたことによって、ヤマトの現場の人々は個人の荷物を集める能力基盤の大切さ、集めた荷物を効率的に各地へと輸送する仕組みの大切さなどを痛切に感じただろう。

小倉が頭の中でその弱点の補強の論理を組み立ててはいたものの、その論理を現場が実行してくれなければ、実際には宅急便のための能力基盤が整っていかない。実際の集配に苦労するプロセス自体が、どんな能力を自分たちは築いていかなければならないかについての情報あるいはシグナルを現場に届けることになったであろう。

ヤマトのみならず多くのオーバーエクステンションで、「何が足らないか」についてのシグナルは、緊張ゆえに明確になり、また具体的にもなる。現場で苦労するからこそ、余計にきちんとどこが弱いかを感じるのである。それは、そうした「補強すべき点についてのシグナル」を現場の多くの人が共有することでもある。その共有ゆえに、個々人の努力の方向性が明確になるだけでなく、組織が一丸となって協力しての蓄積努力（弱点補強努力）が期待できる。皆がバラバラに努力している場合との違いは大きい。

現場学習の論理を生み出すオーバーエクステンションの緊張がもたらす第二の効果は、実地学習（learning by doing）加速効果である。

じつは、オーバーエクステンションの緊張があってもなくても、現場で仕事をしているプロセスは、仕事の業務結果（たとえば、個人の荷物が実際に届く）を生み出すだけでなく、その仕事をしている人たちがその仕事のやり方について学習しているプロセスでもある。それを、learning by doing という。

仕事をすることは学習することにもなるのである。人間にはそもそも学習能力があるから、自分の仕事のプロセスで、何がうまくいって何がだめだったかを経験して、その経験からよりよい仕事のやり方を学んでいるのである。生産現場のノウハウの蓄積などは、もっとも典型的な実地学習の成果である。

その実地学習が、オーバーエクステンションの緊張ゆえに加速されるだろう。能力基盤の弱点を補強しなければという思いが緊張ゆえに強くなれば、それだけ現場の人々の学習努力が大きくなるからである。その学習努力が能力基盤の弱さを補強し、強くしていく。

この効果は、仕事を始めてしまわないと実現できない。そして、企業活動の現場はさまざまなノウハウや技術の塊である。それを、しっかりと足を地につけて組織として学習できる最大の道は、learning by doing なのである。

たとえば、アマゾンがインターネット書店からより多くの商品を扱うようなインターネット小売業へ進出した際には、仕入れのノウハウから巨大な倉庫の管理や発送業務のノウハウに至るまで、さまざまなノウハウを学ぶ必要があった。それらの業務をコンピュータシステムで効率的に管理するソフトの開発も必要だが、それもまたソフトのノウハウ蓄積を可能にするのである。そうしたさまざまなノウハウを身につけるには、実際に多少の無理をしてでもインターネット小売りを始めてしまうのが、近道なのである。

緊張の中でも、とくに顧客の声、市場の圧力から生まれる緊張にいい企業の現場は敏感に反応する。市場の圧力が緊張を現場にもたらすといってもいい。その緊張の学習へのインパクトの大きさを、前章で紹介したトヨタの和田や加藤の言葉が語っている。

世の中に出さなければ絶対にレベルアップしない。……市場に出すことでモノが良くなっていく。向上する部分は価格や性能などいろいろありますが、社内でゴソゴソ研究しているだけでは大きな進展はない（和田）

製品化するということで、開発も生産もパワーを出せる（加藤）

これらの発言は、あえて早めに市場に問うというオーバーエクステンションが持つ現場学習加速効果を語ったものと理解できるだろう。

現場が仕事の中で学習していく効果について忘れてはならないことは、この効果が「自分たちが」実際の仕事をすることから生まれるということである。他人に仕事を任せて（つまり外部委託して）、その成果だけを自分たちが使おうとすると、この実地学習効果から生まれる蓄積が自分の組織に残らないという事実を深く認識する必要がある。自分で仕事をするということが大切なのである。自分がやれば自分が学習する、他人に頼めば他人が学習する、ということである。

だから小倉は、センター内の仕分け機構の具体化も、配送業務全体を司る情報システムづくりも、自社の人間が中心となって自分たちでやることにこだわったのである。あるいは、プリウスの開発でトヨタは、電気関係の部品の開発と生産を社内で行うことにしたのである。パワートレインの中核部分はすべて内製すべしというトヨタの方針の背後には、この実地学習効果の重視という考え方がある。

そして、ヤマトもトヨタも、そうした実地学習効果を、見切り発車的な宅急便への参入や超短期のプリウス開発というようなオーバーエクステンションでさらに加速しようとしたのである。日本語ワープロでの「不可能問題」といわれていたかな漢字変換への思い切った挑戦、アマゾンのマーケットプレイスへのインターネット小売業としての事業基盤確立直後の急いだ挑戦もまた、オーバーエクステンションによって現場の実地学習を加速しようとした戦略である。すべて「自分たちがやっている仕事」での学習強化を狙っているのである。

緊張からの現場学習の論理を形成する第三の効果、ポテンシャル顕在化効果とは、緊張ゆえに現場がさまざまな能力基盤補強のための「探索」を行うことによって組織の中に隠れている、あるいは隠れてはいないまでも明確には気づかれていなかったポテンシャルが表面に出てくる、顕在化するという効果である。

たとえば日本語ワープロ開発で森は、商品コンセプトとして将来にまでわたって三つの「製品が満たすべき顧客のニーズ」をつくって、第二のコンセプトとして「ポータブル型」を明確にした。このコンセプトを実現するために、森は早い段階から東芝社内の他の事業部門に液晶表示装置の開発や半導体チップの開発を依頼していた。そして、その依頼に応えることに他の事業部門が実際に成功している。

それは、森のコンセプトが早めに明らかにされたという一種のオーバーエクステンションが現場の探索を懸命なものにして、他の事業部門に隠れていたポテンシャル（他社に先がけて液晶装置や半導体チップをつくれる能力）を顕在化させた例である。

あるいは、ヤマトで宅急便事業を始めてしまうと、現場のドライバーが否応なしに顧客と直に接するようになる。そこで、彼らが秘めていた「接客サービス能力のポテンシャル」が顕在化することになる。

こうしたポテンシャル顕在化効果は、すべてのオーバーエクステンションで生まれるものではないかもしれないし、場合によってはきわめて巨大な効果ではないかもしれない。しかし、この効果がなければオーバーエクステンションの到達点に到着できるスピードがかなり遅くなる危険もあり、オーバーエクステンションの成功にはかなり貢献することも多いと思われる。

覚悟からの意識集中の論理

ここでいう覚悟とは、オーバーエクステンションに対して反対があるのに、あるいは支持が大きくないのにあえてオーバーエクステンションに乗り出す決断をする、その「本気の背中」（経営者あるいはリーダーの背中）が示す覚悟である。

四つのオーバーエクステンションの事例にはすべて、オーバーエクステンションへの「本気の背中」に浮き出ている覚悟がある。

小倉は、宅急便進出というオーバーエクステンションの際には、役員会の反対を押し切って進出を決断し（最後には説得したが）、その決断の後はアレヨアレヨという早さで事業の開始まで突き進んでいる。また、宅急便の全国ネットワーク完成というオーバーエクステンションの際には、トラックの路線免許遅延をめぐって運輸大臣を相手とする行政訴訟という非常手段に出た。監督官庁との公開大ケンカを、このオーバーエクステンション実現のためにあえてしたのである。

ベゾスの場合も、マーケットプレイスへの社内の大反対をほとんど無視してサードパーティの出品開放を決断した。そのうえ、翌日配達というプライムサービスを、社内からの提案の数カ月以内に実行に移す決断をした。ベゾスは本気だったのである。

日本語ワープロで森は、不可能問題に挑戦する決断をし、すぐにワープロの将来の展開シナリオを三つの商品コンセプトという形でまとめてしまう。第一の商品コンセプト（手書きより速く文書をつくれる）の開発成功を発表する際に、第二のコンセプト（ポータブル型）を公表してしまうという決断をした。自らを追い込んだことにもなっている、本気の背中である。

しかも、その本気の背中を理解しない行動をＯＡ事業部がとったときに（つまり、ポータブル型の開発をやめてほしいという要望）森は怒りまくり、家電事業部へこのポータブル型の商品化を持っていってしまう。社内常識から外れた森のこの行動は、彼の本気の背中を見せている。

プリウスのイノベーションの背後にもさまざまな決断があったが、その中でも「異例のラインオフ時期繰り上げ」という決断が際立っている。繰り上げを二度にわたって決断して「超短期の開発」をほとんど無理強いしたトヨタの経営者の背中には、「是が非でもハイブリッド車を世界に早く訴えたい」という本気の覚悟が見てとれる。

こうした本気の背中が見せる経営者あるいはリーダーの覚悟は、組織のメンバーに対してオーバーエクステンション達成の重要性への大きな説得力を持っている。だからその説得力ゆえに、オーバーエクステンション克服に向けて現場の心に火をつけることになり得る。

それは、覚悟がもたらす、組織のメンバーによるオーバーエクステンション達成の努力への二つの集中効果があるためである。

第一の効果は、努力の集中であり、それによる現場学習の加速である。第二の効果は、メンバーの意識の集中、つまり意識の共有化と統一が生まれるという効果である。

第一の努力の集中効果によって、オーバーエクステンション克服に基本的に必要となる現場学習が個人個人のレベルでより充実し、組織全体の現場学習が加速するだろう。第二の意識統一という集中効果によって組織の一体感が生まれ、メンバー間の協力（オーバーエクステンションの克服に向けての協力）がより活発になるだろう。ときには、組織の中の一見オーバーエクステンションとは関係の薄いと思われる部署から、助けの手が出てくる可能性もある（森の事例の家電事業部の協力はその例であろう）。

こうした二つの集中効果から、組織全体の能力基盤の充実がスピードアップする。それが、オーバーエクステンションの目標達成に大きく貢献するのである。

こうした集中効果の実際を想像するためには、小倉の運輸省相手の公開大ケンカを見ているヤマトの社員、ブルドーザーのように一心にインターネット市場業とそこでの異次元の物流実現に突き進むベゾスに追いつこうとするアマゾンの人々、森の怒りに共感してポータブル型の開発の現場を提供した東芝家電事業部の人々（そして後にポータブル型も自分たちに戻してくれと言い出すOA事業部）、プリウスのラインオフの時期をたびたび繰り上げられて逃げ道がなくなっていくトヨタの開発陣。彼らの心理を想像してみればいい。

「大変な苦労が待っている」という思いと、「それほどに覚悟があるのなら自分もなんとかしなければ」という思いと、両方が入り混じった心理であろう。そんな「入り混じり」

があり、しかも到達点での夢があるからこそ、最後には二つの集中効果につながるのである。

先に引用したプリウス開発のリーダー・内山田のメールの言葉（最後まで現場のモラルが大変高かった）が、ここでも覚悟がもたらす現場の心理を的確に表現している。プリウスには、夢も覚悟もあったということである。

オーバーエクステンションの波及効果と入れ子構造

オーバーエクステンションの成功は、オーバーエクステンションが結果として克服されて、実力不足で始めた仕事や事業がうまく回り出すという直接的な効果を持つだけでなく、しばしば波及効果もある。多くの場合、オーバーエクステンションの最大の効果は波及効果だということもあるのである。

オーバーエクステンションの波及効果は、その成功によって能力基盤が大きく充実することによって生まれる「能力的波及効果」と挑戦が成功することによる「心理的波及効果」の二つのタイプがあり得る。

能力的波及効果とは、オーバーエクステンションによって充実し拡大された能力基盤が、オーバーエクステンションした当の仕事や事業の拡大のベースを提供するだけでなく、他の事業を展開する際のベースとなって企業成長が加速するという効果である。

そのもっとも激しい例がアマゾンであろう。アマゾンの歴史はオーバーエクステンションの連続のようなもので、いずれも前のオーバーエクステンションがもたらした新しい能力基盤が次のオーバーエクステンションのベースになって、次々と事業範囲が大きく広がっていった。

インターネット書店がインターネット小売業の事業展開の能力ベースを提供し、さらにインターネット小売業のためのビジネスシステムがインターネットマーケットプレイスの能力基盤となり、その先ではその基盤がプライムサービスやフルフィルメントへと拡大される能力ベースを提供している。こうした能力ベース拡大の共通項がそれぞれのビジネスシステムを動かすためのITシステムとそのソフトの充実であったことが、アマゾンがクラウドサービスに乗り出すためのベースを提供している。

オーバーエクステンションの心理的波及効果とは、オーバーエクステンションの成功が（あるいはその成功の兆しが）、組織に心理的な勢いを生むという効果である。その勢いゆえに、オーバーエクステンションした分野での事業拡大へのエネルギーが注入されたり、新しい分野への挑戦のエネルギーが生まれたりする。

ヤマトの場合、商業貨物の低迷という危機からの挽回を狙って新事業へ参入した。それが初期にかなりの成功を収めたことが、三越や松下の配送事業から撤退しても問題ないだろうと自信を持たせた。組織に勢いが生まれていなければ、この撤退はできなかったであろう。さらに、この撤退によってますます宅急便へと全組織の力を投入する勢いがついた面もあった。

こうして能力ベースの充実と組織の勢いという二つの波及効果がオーバーエクステンションから生まれる大きな理由は、じつは多くのオーバーエクステンションが入れ子構造になっているからであろう。

オーバーエクステンションの入れ子構造とは、一つの大きなオーバーエクステンションの中で小さなオーバーエクステンションがさまざまに起きているということだ。その意味で入れ子になっているのである。

入れ子のわかりやすい例は、一つの大きなオーバーエクステンションが、連続する複数のオーバーエクステンションからなっているという時間的な入れ子構造である。アマゾンがその典型例である。あるいは日本語ワープロの事例でも、最初のJW－10という大型ワープロのオーバーエクステンションの成功の後にポータブル型のワープロへのオーバーエクステンションがあり、それで東芝としてのオーバーエクステンションが完成した。

もう一つの入れ子構造は、一つのオーバーエクステンションのプロセスの中で、そのオーバーエクステンションを成功させるために小さなオーバーエクステンションへの挑戦があちこちで起きているという空間的な入れ子構造である。

小倉の全国ネット展開というヤマトにとっての第二のオーバーエクステンション（第一は宅急便への参入）の中に、運輸省に対する全国規模の免許申請という「実力不足の大きな挑戦」があった。あるいは、プリウス開発というオーバーエクステンション全体の中の大きな一コマとして、ＴＨＳという未知のパワートレインへの挑戦があり、その挑戦の中にさらに電気関係部品の開発・生産というトヨタにとって土地勘のない技術分野への挑戦というオーバーエクステンションがあった。多重の入れ子構造になっているのである。

言葉を変えれば、オーバーエクステンションの連鎖反応がしばしば起きる。つねにではないかもしれないが、一つのオーバーエクステンションが別のオーバーエクステンションを誘発するのである。その誘発がなぜ起きるかを、オーバーエクステンションの波及効果が説明していると考えていいだろう。

その波及効果が、能力基盤の充実という「組織能力」の側面と、組織の勢いという「組織心理」の側面を持っていることは強調されていい。そして、その二つの側面がともにあるからこそ、オーバーエクステンションの誘発が「夢・緊張・覚悟」というオーバーエクステンションの基本論理の働きを全体として大きいもの、深いもの、長期にわたるものにしていくのである。

だからこそ、オーバーエクステンションを多くの企業が成長の踊り場で経験し、その成功によって成長が加速されてきたという歴史があるのである。

第4章

オーバーエクステンションのプロセスマネジメント

経営は
無理をせよ、
無茶はするな

四段階のプロセス

オーバーエクステンションをやり始めれば、前章で述べた三つの基本論理がいつでも自動的に動き出すわけではない。その基本論理がきちんと動くように、オーバーエクステンションのプロセスの中でさまざまな手配りが必要である。それが、オーバーエクステンションを成功させるために必要なプロセスマネジメントである。

オーバーエクステンション全体のプロセスを俯瞰してみると、そこには助走、踏み切り、学習、やり切るという四つの段階があり、それらがつながって初めてオーバーエクステンションがその終着点にまで到達できることがわかる。したがって、オーバーエクステンションのプロセスマネジメントとは、次の四つのマネジメントということになる。

- 助走のマネジメント
- 踏み切りのマネジメント
- 学習のマネジメント
- やり切るためのマネジメント

助走とは、陸上競技でイメージすれば、三段跳びで選手が実際に踏み切り板から踏み切る前にスピードを上げて走っていく、それである。助走という準備段階がオーバーエクステンションにも必要なのである。その準備段階をきちんと積み上げることが、オーバーエクステンション成功の第一の関門である。

たとえばプリウスの例をとれば、ハイブリッド方式の基礎研究を、ハイブリッドという複雑なシステムを搭載するスペース的な余裕がありそうな大型ワゴン車を想定して、静かに始めるということである。

踏み切りとは、実際にオーバーエクステンションの中心行動（たとえば事業を開始する、投資を開始する、本格的な新車開発を始める）へと踏み切ることである。この踏み切りから、事態はガラリと変わる。もはや「研究」とか「調査」ではなく、事業活動の開始なのである。そのための資源投入が本格的に始まるということである。

プリウスの例でいえば、21世紀を目指す量産小型車の開発を、市場投入の時期を明確に示した上で始めることである。もっとも、踏み切った後でその市場投入の時期を経営陣が二度にわたって繰り上げてしまったが。

学習とは、自分に実力が十分にはない事業活動を始めてしまって、その実力不足を埋めるために現場学習が起きること、加速されることである。

プリウスの例では、新車のための生産準備と基礎的な技術開発が同時並行で起きていくという苦しい学習プロセスがあった。ヤマト運輸の例では、宅急便の社内配送システムが十分ではないままに事業を始めてしまった。自分たちの実力不足を懸命に現場が解消する努力が、学習プロセスである。損益分岐点を超えるだけの集荷量が獲得できるまでは、赤字を覚悟の事業活動そのものが学習プロセスである。

やり切ることとは、オーバーエクステンションの苦しいプロセスを最後まで走り切ることである。さまざまな想定外の困難が出てくるだろうが、それをなんとか克服して、しかし当然に学習を加速しながら事業的に意義のある状態（たとえば、利益が出る）に持っていくことである。

プリウスの例では、一代目は赤字覚悟での市場投入だったが、三代目で大成功した。宅急便の例では、全国への輸送ネットワークを完成するまでには、運輸省とのケンカすらもしなければならなかった。

こうして、四段階のプロセスをきちんとくぐり抜けて初めてオーバーエクステンションが完成する。その最終的な成功にたどり着くまでのプロセスで、四つのマネジメントがきちんと工夫される必要があるのである。

それは、オーバーエクステンションの最終責任者がオーバーエクステンション全体のプロセスを導くためのマネジメントである。この本であげた四つの事例での最終責任者として、宅急便は小倉、アマゾンはベゾス、日本語ワープロは森、プリウスは和田をそれぞれにイメージすればいいだろう。

助走のマネジメント——ジャンプ台の準備

助走にもさまざまな助走がある。ふたたび陸上競技を例にとれば、投擲競技であるやり投げでもハンマー投げでも、助走はある。ハンマー投げでは真っすぐに走る形の助走ではなくくるくる回る形になっているのだが、あれも助走である。

オーバーエクステンションにも、当然のことながらさまざまなタイプの助走がある。助走も前触れもまったくなしにいきなりオーバーエクステンションが始まるような「突然のオーバーエクステンション」は滅多に存在しないし、あったとしても成功確率はきわめて低いだろう。

助走という準備が必要なのである。その助走のプロセスで、オーバーエクステンションへの本格的な踏み切りのための、いわばジャンプ台が準備される。それが本節見出しの副題の意味である。

その助走のマネジメントとしてしばしば重要となるのは、次の三つのポイントである。

・目指すべき大きな目標をつくる
・基礎的な能力基盤の確認
・踏み切り前の論理準備

まず第一に重要なのは、オーバーエクステンションをするとして、それでどこを目指すかの大きな目標をつくることである。その目標の具体性とか詳細とかについては、助走段階では必ずしもきわめて明確でなくてもいいかもしれない。しかし、方向性があいまいなままにオーバーエクステンションを目指すというのでは、助走もきちんと始められないだろう。

ヤマト運輸の場合は、個人の荷物の集荷と配送という、業界の常識をくつがえすような事業を大きな目標とした。アマゾンは、インターネット小売業が大きな目標だった。その最初のステップがインターネット書店だったのである。

日本語ワープロの助走が始まったときの大きな目標は、日本語タイプライターだった。プリウスの場合は地球環境対応の、燃費効率のきわめていいクルマの開発だった。

いずれの事例でも、こうした具体的なイメージがある程度浮かぶ大きな目標が、オーバーエクステンションに向けて走り始めたときにつくられている。しかしその目標は、たとえばプリウスのときにはまだハイブリッド車というものではなかったし、宅急便の場合も後に具体化されるような翌日配達、低価格で、近所の酒店から送れるというものではなかった。

それでいいのである。旅にたとえれば西に向かうとか、山を訪ねるとか、大きな方向性が浮かぶような、そして達成できると素晴らしいと思えるような大きな目標を持つことが大切なのである。

助走のマネジメントの第二のポイントは、自分たちがその大きな目標に到達できるかもしれない基礎的な能力基盤があることの確認である。たんなる夢物語でなく、実現可能性が小さくとも存在することの確認である。ある意味で当然ともいえる事前確認である。

しかし、この確認はきびしすぎない方がいい。きびしい確認を求めると、答えは「オーバーエクステンションは実現できない」となりがちで、それでは助走すらやる気にならないだろう。

言い換えれば、現在の能力基盤と第一のポイントでつくった大きな目標との間には、距離があってもいい。足らない部分があるのは当然である。しかし、能力基盤がゼロではなく、ある程度あるという確認が必要なのである。その確認もなしに助走を始めるのは、間違いであろう。

たとえば、G21プロジェクトによる21世紀に向けた環境対応車のための基礎技術として、すでにトヨタは塩見を中心にハイブリッド車の基礎研究を始めていた。その能力基盤は、量産小型車にすぐに使えるような技術蓄積ではなかったが、ゼロではなかったのである。

日本語ワープロの場合も、日本語タイプライターの構想を描き始めた頃の森は、文字認識技術の専門家であった。それは、コンピュータによる自然言語処理の一部の能力基盤があったということを意味している。かな漢字変換の能力基盤には足らない面が大きかったが、日本の大学も含め、他の競合相手の能力基盤と比べて大きく劣るものではなかった。

ヤマト運輸の場合も、三越の商品配送をやっていた。それは、個人宅への個別配送の経験がすでにあったということである。しかし宅急便の最大の問題は、個人からの集荷をどうするかということであり、そのための能力基盤をヤマト運輸はまだ持っていなかった。それでも配達面での宅急便のための能力基盤はゼロではなかった。

アマゾンは、助走段階での能力基盤が四つの事例の中では一番弱かったというべきかもしれない。なにせ、インターネット書店の起業なのである。しかし、自らがITを駆使する金融工学の専門家であったベゾスは、アメリカのIT労働市場に供給される豊富な人材を知っていただろうから、実際にオーバーエクステンションを始めるときにはある程度の人材確保ができるという見通しは持てたであろう。それも、能力基盤獲得の可能性の一種の確認である。

そうした能力基盤の確認の後で必要となる助走のマネジメントの第三のポイントは、踏み切り前の論理準備である。自分がやろうとしているオーバーエクステンションが成功という着地点まで到達できるか、そこまでの論理の大きな筋道あるいはそのストーリーを完成させる鍵を論理的に想像することである。

そうした論理の事前準備を助走段階ですることなしにオーバーエクステンションへと踏み切るのは、無茶というものである。旅にたとえれば、途中の行程がどんなものになりそうかのシナリオも持たずに旅に出発するのは、放浪の旅である。しかし、オーバーエクステンションは放浪に出発するのではない。大きな目標を持ち、自分の能力基盤がある程度あることを確かめた上で、目標を目指して出発するのである。当然に、目標までの道程のイメージがまったくないというのではまずい。

この助走段階で行う論理の事前準備通りに、その後に始まるオーバーエクステンションの行程が進行することはあまりないかもしれない。さまざまな事前には想定できなかった困難にぶつかって、旅の日程を柔軟に変える必要があるだろう。

しかしそれでも、論理の事前準備あるいは事前のシナリオを持つことはきわめて有益である。その準備を整えている人ほど、オーバーエクステンション開始後になぜそんな困難が出てきてしまったのか、それを乗り越える鍵はどこにあるのか、何が事前の論理準備とは異なったのかをドタバタの中で考えられるからである。ただの五里霧中ではなくなるだろう。

宅急便が、この事前の論理準備がもっとも綿密に行われた例であろう。小倉は、5年に近い助走期間の間ずっと、個人荷物の集配を採算に乗せる鍵と採算に乗る論理を考え続けたのである。

彼の答えの一つは、「需要の地理的密度」であった。密度濃く荷物が一つの地域の中であたかも湧き出てくるような状況になれば、その荷物がどのお宅から出てくるかに関係なく、その地域に配置されたトラックが集めることのできる荷物量が確保されるのである。しかも、そうした荷物を個人が出そうと思うようになるためには、それだけの集荷能力があることが前提となるだろう。

それ以外にも、小倉は荷物の形状、配送料金、地域の集配拠点（酒店などの取次店）など、全体の仕組みとその運営の論理を考え続けた。だから、役員会で宅急便進出の方針の了解を得た後に、驚くほどのスピードで宅急便事業のためのビジネスシステムの詳細をワーキンググループでつくり上げ、5カ月後には実際に集荷を開始できたのである。

ベゾスが本を商品としてインターネット小売業を行おうとオーバーエクステンションを始めたときの事前の論理準備としては、本という商品の仕入れと在庫のしやすさ、配達のしやすさがあっただろう。オンライン注文のプラットフォーム（レビューや販売量ランキングの機能も含めて）のシステム形成に絶好の商材が本だったのである。

日本語ワープロの森は、官庁の計算機研究会の人々との会話の中から、日本語タイプライターの備えるべき条件を論理的に詰めていっただろう。あるいはプリウスの事例では、副社長の和田と技術担当常務の塩見は最初から、G21プロジェクトにまず燃費向上のコンセプトをつくらせ、燃費2倍を実現できるのはハイブリッド方式だけという論理の事前準備をしていたと思われる。だから、内山田がチーフエンジニアとなって開発が本格化するとすぐに、東京モーターショーへのハイブリッド出品を示唆（あるいは指示）したのである。

踏み切りのマネジメント——納得性

助走がある程度進んだ段階で、いよいよオーバーエクステンションを本格的に開始するための思い切った行動が必要になる。オーバーエクステンションの跳躍へと踏み切るのである。ただ、助走の段階でオーバーエクステンションが中止されることもあるだろうが。

その踏み切りをきちんと行い、オーバーエクステンションを成功しやすい軌道に乗せるためのマネジメントが、踏み切りのマネジメントである。オーバーエクステンションを実行する組織に、オーバーエクステンションという困難に挑む努力を実際に始め、それを継続することに納得してもらうためのマネジメントでもある。だから、「納得性」という副題をつけたのである。

踏み切りのマネジメントの重要なポイントとしては、以下の三つがあげられるだろう。

・大きな戦略的ビジョンの提示
・先の先を見た論理
・本気の背中を見せる

最初のポイントは大きな戦略的ビジョンの提示である。なぜオーバーエクステンションをするのか、オーバーエクステンションの結果どのような新しいポテンシャルが企業の未来に開けてくるのか。そういった将来のビジョンがなければ、オーバーエクステンションで「無理をしてくれ」と人々に言っても現場が納得しないだろうし、その気にならないだろう。

この大きな戦略的ビジョンは、助走のマネジメントで第一のポイントとして登場した「目指すべき大きな目標をつくる」の延長線上にもちろんある。しかし、目標だけでなく、戦略が必要となる。

大きな戦略的ビジョンの中に含まれるべきものが、少なくとも三つある。ともにオーバーエクステンションの夢を語るものである。一つは、このオーバーエクステンションの成功そのものがどのような直接的な成果を企業にもたらすかというシナリオである。二つ目は、このオーバーエクステンションがどのような波及効果を生んで、企業の将来のポテンシャルを大きくするかというストーリーである。

こうして、直接的な成果と間接的な波及効果として大きな夢が提示されれば、オーバーエクステンションにあえて挑もうとする組織の人々の納得は得やすくなるだろう。

さらに、戦略的ビジョンの第三の要素として不可欠だと思われるのは、このオーバーエクステンションが成功にたどり着くために、どのようにして当面の実力不足を克服していくかの戦略である。それは、助走のマネジメントの第三のポイントである事前の論理準備を膨らませたものであろうが、どんな活動を鍵にして実力不足の克服を進めていくかのシナリオである。

この本で取り上げた四つの事例でこの戦略的ビジョンの例を説明すれば、いずれの事例もそのオーバーエクステンションに踏み切った際に掲げられた目標は明確で、かつ大きな未来を感じさせるものであった。宅急便の場合、業界の常識を破って巨大な潜在的個人市場に切り込んだ。アマゾンは、勃興期のインターネット小売業に挑戦した。日本語ワープロは、日本語というコンピュータ入力のむつかしい言語のタイプライターを目指した。プリウスは、世界初のパワートレインで環境対応に大きく足を踏み出そうとした。

そうしたオーバーエクステンションが成功した暁には、大きなご褒美が用意されていることも、組織の人々は実感しただろう。宅急便の場合は、主に直接的な市場効果が大きい上、社会インフラをじつは担うことになるという波及効果も大きかっただろう。

アマゾンのインターネット小売業の場合、直接的な効果はもちろん市場の大きさとしてわかりやすかっただろうが、間接的な波及効果としてインターネット市場業やクラウドサービスまでは組織の人々にはイメージできなかったかもしれない。日本語ワープロの場合も、成果としてイメージしやすいのは日本語タイプライターの実現というもので、波及効果として東芝の人たちがイメージしやすいものはあまりなかったかもしれない。

プリウスの場合、ハイブリッド車の市場開拓という直接的な効果だけでなく、環境対応に熱心なトヨタというイメージも大きかっただろう。むしろ、その波及効果が、プリウスの発売を京都会議に間に合わせようとしたトヨタの経営陣の狙いだったと思われる。その狙いが成功したことを示唆しているのは、三代目プリウスにハリウッドのセレブたちが争うようにして乗りたがったという事実である。

この戦略的ビジョンの第三の要素である「実力不足克服のシナリオ」としてオーバーエクステンションの責任者が意識したと思われるのは、オーバーエクステンションのプロセスマネジメントとして本章で改めて説明する、現場学習の加速のための論理的シナリオであっただろう。そこでくわしくは解説したいが、もっともわかりやすいポイントを一つだけここで紹介しておこう。

それは、多くを学べるような仕事はなるべく自前で行い（つまり他人に委託しない）、現場の仕事で問題解決をしていくことの積み重ねが組織の実力蓄積にきちんとつながる戦略を準備するということである。

ヤマトでは、たとえば集配システムの設計を自分たちで極力やった。アマゾンでも、オンラインプラットフォームの設計から倉庫の自動化まで自分たちが中心となった。東芝では、かな漢字変換ソフトのための新しい日本語文法の考案や国語辞書の作成を自分たちでやった。トヨタでは、土地勘のない電気関係の技術開発を自分たちで極力やろうとした。

つまり、learning by doing の“doing”を自分たちで徹底してやろうとしたのである。それは、実力不足克服のためには、自分たち自身の学習を加速するのが王道かつもっとも早道ということである。

踏み切りのマネジメントの第二のポイントは、「先の先を見た論理」を用意することである。それがあると、このオーバーエクステンションは成功するかもしれない、と組織の人々の多くが納得してくれる可能性が高まるだろう。

先の先を見た論理とは、オーバーエクステンションを実際に始めるとどんなことが起きて、そのできごとをうまくこなすとその先にはどんな可能性が待っているかという論理である。

小倉の例でいえば、「サービスが先、利益は後」という論理である。これは小倉の信念であり、組織の理念あるいはスローガンにもしたものだが、そこには論理がきちんとある。当面の利益を気にするあまりに顧客サービスへの努力を小さくしてしまうと（その努力にはコストがかかるから）、結局は顧客の満足が不十分となって、顧客の気持ちがヤマトから離れかねない。しかし、サービス最優先を続けると、そこで生まれる顧客の満足が次の需要喚起につながり、そうして大きくなった需要で結局は利益が出てくるようになる。利益は後からついてくるという論理である。この論理があちこちで実現していけば、ヤマトの売上と利益は大きくなっていくだろう、と現場の人々にもわかりやすい。

同じような論理をじつはベゾスも強調している。顧客のニーズを満たすことに「偏執狂的に」こだわることの大切さである。それで満足した顧客は、さらに大きな売上をアマゾンにもたらしてくれる。

マーケットプレイスを開始することに現場の小売り部隊が反対したときのベゾスの説得の論理がまさにこれだった。サードパーティの出店が増えると、その直接的な効果によってアマゾンの小売り部隊にはマイナスが発生し得る。しかし、サードパーティの商品に満足した顧客は、次に何かを買いたいときにアマゾンサイトにアクセスする可能性が高くなる。そのアクセスで、アマゾンの小売り部隊の商品にも触れるだろう。それでアマゾン自身の商品も売れる可能性が高まる。まさにそうした論理がきちんと現実となって、マーケットプレイス開業後にもアマゾンの小売りは大きな成長を続けたのである。

森の日本語ワープロ開発のプロセスにおける「先の先を見た論理」のいい例は、開発されるべき商品のコンセプトを、「手書きよりも速い」「どこでも持ち歩ける」「誰とでも通信可能になる」という三段階で示したことである。それは、まず手書きよりも速い日本語ワープロを大型で開発し、その先の論理として大型のものを小型化するという論理なのである。

和田のハイブリッド車開発の例でいえば、「市場に出すことでモノが良くなっていく」という論理が、先の先を見た論理の例である。多少は未完成の部分があっても、買ってくれる顧客がいるのなら先に市場投入する。そこでの顧客の声に鍛えられて、製品はよくなっていく。一代目プリウスはまさにその好例であった。

本気の背中を見せる

踏み切りのマネジメントの第三のポイントは、オーバーエクステンションの責任者の「本気の背中」を、言葉だけでなく、行動で見せることである。その本気を人々が信じられれば人はついてくる。背中に本気度がにじみ出ることのない、ただ言葉だけの「オーバーエクステンション宣言」をしても、オーバーエクステンションという困難な仕事に現場が真剣に取り組むとは思えない。

このポイントは、じつは踏み切りのマネジメントで重要なだけでなく、四つ目のステップの「やり切る」ためのマネジメントでも重要となるので、ここでは節を別に立ててくわしく解説しておこう。

本気が背中に出る行動の典型は、かなりの資源投入であり、リスクを実際にとることである。さらに、その行動の結果としてオーバーエクステンションの行程の橋頭堡づくりが初期にできるともっといいだろう。その橋頭堡づくりに注ぎ込むエネルギーが、本気の背中を見せる行動となるのである。

オーバーエクステンションに踏み切るタイミングの前後で、たしかに四つの事例ではいずれも本気の背中を感じられる行動が見られる。

小倉の例でいえば、役員会で宅急便開発要綱が承認されるとすぐに、アレヨアレヨの進行スピードで小倉は事を進めた。ワーキンググループをすぐにつくり、実行計画を手早く詳細に至るまでに組み立て、5カ月で宅急便受付開始にまで持っていくのである。

さらに宅急便開始後に、「サービスが先、利益は後」という理念にぴったり合うような資源投入をしている。それは、アピールポイントにしていた「翌日配達」が、ヤマトが配送に行ったときに顧客が不在で持ち帰らざるを得ず、結果として翌々日配達になってしまうことへの対策である。小倉は、配達時間の午後8時までの延長をすぐに決め、そのための人件費追加投入を惜しまなかったのである。

利益には当然に、当面は悪影響が出る。しかし、サービスを優先する決定を経営者自身がためらいなくとっている。現場はその背中を見ていただろう。

ベゾスの背中に本気が出る行動の例は、株主への手紙で赤字が続くが自分たちは未来を考え続ける、顧客の満足にこだわるということを書き続けたことである。手紙自体は本格的な資源投入ではないが、自分たちの行動の理念を明確に文書として株主に言い続けるというリスクを彼はとったのである。だからこそ、この株主への手紙がアマゾン社内でも「聖書のごとき扱い」を受けたのであろう。

森にも、本気の背中の例がいくつもある。たとえば、新人の河田を一年間にわたって京都大学へ国内留学させたこと、あるいは初期に三つの商品コンセプト（手書きより速い……）をつくって社内で公表したこと。そこまで人材投資をするか、そこまで製品の未来を考えているのかという本気度の表れである。

和田の本気度の表れとしては、ハイブリッドの基礎的開発を担うＢＲＶＦ室の早い設置と、ハイブリッド車の市場投入のタイミングの一年繰り上げをあげておこう。

プリウスの事例でのオーバーエクステンションへの踏み切りは、ＴＨＳというシリーズパラレル方式をＧＰ21プロジェクトの開発車への採用を決定したことと考えてよい。１９９５年６月のことだった。その前後の短期間に、さまざまな資源投入やリスクをとる決定を和田はしている。

95年1月、本社の技術開発センターにＧ21プロジェクトとは別にＢＲＶＦ室をつくった。そして95年6月のＴＨＳ採用決定と同時に、市場投入時期の一年繰り上げを指示した。内山田たち新車開発チームにとっては、アレヨアレヨというスピード進行であり、資源投入とリスクテイクだったろう。そして、内山田のチームへの全社的なサポートも約束した。だから、「そこまでやるか」という本気の背中が見える。

本気を背中にきちんと表すために大切なのは、オーバーエクステンションが達成しようとしている夢へまっしぐらに向かう姿勢である。その夢がもたらすエネルギーが、オーバーエクステンションへの踏み切りの納得感を生む根底にある。

オーバーエクステンションの三つの基本論理でいえば、夢によるエネルギー供給の論理が、踏み切りのマネジメントではもっとも中心的なのであろう。大きな戦略的ビジョン、先の先を見た論理、本気の背中。すべての根底に夢があるからこそ、成立するポイントなのである。

内山田がプリウスのラインオフのときにプロジェクトメンバーに送ったメールの最後の文章は、「開発担当者のモラルが最後まで大変高かったのはまさに驚異でした」。最後「まで」高かったとは、「最初も」高かったということである。最初からモラルが高かったということは、踏み切りのマネジメントが成功していたという証拠であり、プリウスが掲げた夢の大きさの成果でもある。

学習のマネジメント——現場学習への手配り

学習のマネジメントの基本論理は、じつはすでに前章でオーバーエクステンションの三つの基本論理の一つとして解説した「緊張からの現場学習の論理」である。現場にオーバーエクステンションゆえの緊張が生まれ、そのインパクトとして発生する現場シグナル効果、実地学習加速効果、ポテンシャル顕在化効果が学習のマネジメントの本質である。

したがって学習のマネジメントは、現場の緊張がこの三つの効果を生み出せるようにするための「具体的な手配りの工夫」が中心となる。その具体的なポイントとして多くのオーバーエクステンションに共通して登場するのは、次の三つである。

・学習内容が豊富な業務は他人に任せない
・前向きの追い打ちをかける
・学習加速へのさまざまな圧力装置を工夫する

現場で学習が起きるとは、仕事をすることが同時に学習の機会にもなるということである。その学習の成果を大きくするためには、オーバーエクステンションを成功させる鍵になる能力基盤にとって重要な学習内容が豊富に含まれる業務を自分で行う、他人に任せないということである。

その典型的な例が、ヤマト運輸が宅急便をきちんと運営するために必要な能力基盤としての情報システムの設計と運用を、自社の人間を中心に行ったことである。情報システムの設計や運営のプロたちの助けを借りながら、しかし彼らに委託せずに自社プロジェクトとして実行したのである。

学習内容が豊富とは、自分たちにとっての必要性が大きく（つまり、今の実力不足の原因になっている）、かつ仕事を自分で行うことが学習につながる可能性が高いということである。それを自分がやれば、自分が学ぶ。他人に任せれば、他人が学ぶ。

これは案外とつらい。実力がないのだから、外部の力に頼りたくなる。もちろん、頼る部分もあるのだが、肝の仕事は自前でやるという方針が重要なのである。これで、現場シグナル効果と実地学習加速効果が期待できるだろう。

アマゾンでも、早い段階から自前の倉庫、自前の配送部隊を意図的に持つようにした。だから、ロジスティックスの能力基盤が学べ、それがプライムやＦＢＡの能力基盤につながる。また、社内のＩＴシステム開発のサポート部隊を自前で持つことで、自社用のソフト開発のスピードが上がり、その能力基盤が強化される。それは、ＡＷＳへの準備作業になっている。

日本語ワープロやプリウスという製品開発でのオーバーエクステンションの場合は、そもそも自分たち以外に画期的な新製品開発のための能力基盤を借りられるような他人は存在しないのがふつうだろう。だから、当然のように自分で肝になる業務を行うだろう。

しかし、ハイブリッド車という電気関係の技術を必要とするような開発と生産では、トヨタは電池について松下電池の力を借りた。だが、それ以外の主要な電気部品（たとえばモーター）については内製を選択した。そこが、トヨタにとって新しい学習内容が豊富な仕事でかつ実力不足な部分だったのである。

こうして「自分で行う」際に大切なのは、そこに投入する人材のタイプである。当然なのだが、成果刈り取り型の人材でなく、学習蓄積型の人材を投入する必要がある。

時間に追われ、緊張とストレスのある中で蓄積重視を貫くのは案外とむつかしい。ついつい目先の事情に目が行って、生まれる成果を少しでも早く刈り取りたくなるものである。そこを我慢して、オーバーエクステンションが達成されるまでは蓄積重視を貫き通すような人材投入が重要である。

たとえば、プリウスプロジェクトのチーフエンジニアに、それまで新車開発マネジメントの経験がほとんどなかった内山田があえて起用された理由の一つは、彼が蓄積型で誠実な人柄の人材だったことであろう。

オーバーエクステンションのための学習のマネジメントにおいて第二のポイントになるのは、前向きの追い打ちをかけることである。追い打ちとは、オーバーエクステンションが始まって現場学習が一段落した段階で、学習範囲の拡大や加速へのきっかけとなるようにオーバーエクステンションの範囲の拡大を行うことである。前向きとは、そもそものオーバーエクステンションの方向性にきちんと貢献するという意味である。

たとえば、ヤマトは翌日配達の地域的範囲が広がってきた段階で、地域間の長距離輸送の便を一日二便に増やした。一日一便を基本につくっていた配送システムは、大きな修正・追加を迫られただろう。それが、配送システムの実力をさらに上げる現場学習の機会になるのである。

あるいは、アマゾンでのプライム配達サービスの採用は、現場のロジスティック能力基盤に負荷をかける追い打ちであった。それをきちんとこなすことによって、アマゾンのロジスティック能力基盤はさらに充実していった。

日本語ワープロの場合、森が大型デスクトップ機種の次にパーソナル型へと飛ぶことにこだわったのも、前向きの追い打ちの好例である。それによって液晶画面づくりの実力、プリンタの実力をつけることがなかば強制されただけでなく、少ないメモリーを使って変換速度を向上させる、かな漢字変換ソフト開発への圧力にもなっただろう。

プリウスの場合、2年半という超短期開発だったので、追い打ちとして明確なものはなかった。逆にいえば、最初から追い打ちばかりだったと現場は感じたかもしれない。

この「前向きの追い打ち」は、自社のビジネスシステムでの「自社業務の範囲」のさらなる拡大というのが典型である。つまり、自分でやる業務の範囲を広げて、学習の範囲を拡大するのである。学習のマネジメントの第一のポイント（大切な仕事は自分で）の対象範囲を拡大することが、前向きの追い打ちの大きな目的である。

ヤマトでは、一日二便を効率的に運用するために、これまでは路線免許の関係で他社に運送を委託していた路線で自ら運送することを選択した。アマゾンは、物流での自社の業務範囲を拡大した。東芝では液晶の開発、メモリーと半導体の開発を自社で行った。その上で、メモリーや半導体の充実が可能にしたかな漢字変換ソフトの学習機能の強化（たとえば、関係生起型かな漢字変換）へと開発範囲を拡大した。トヨタでは電池の開発と生産へのさらなる関与など、自前部分の拡大があった。

学習のマネジメントの第三のポイントは、学習加速へのさまざまな圧力装置の工夫である。これはじつに多様にあるだろう。細かい工夫も多いだろうから、この本で紹介する四つの事例では必ずしも多くが出ていないであろうが、多様な工夫が現場ではあったと思われる。

その工夫のパターンを、ここではいくつか紹介しよう。第一のパターンは、学習成果が望ましい水準に達する期限を切ることである。いわば、デッドラインの設定である。その期限の圧力が学習加速につながる。

小倉が宅急便の実際の集荷開始までの期間を数カ月と設定したのは、そのいい例である。あるいは、ベゾスもプライム導入の際に、現場からのアイデアを取り上げて数カ月以内の実施を指示した。森は、最初の日本語ワープロの成功の記者会見で早くも次のパーソナル型の開発を宣言している。和田がハイブリッド車の市場投入の時期を繰り上げさせたのも、期限を切ることの一例である。

圧力装置として顧客の生の声を使うのも、もう一つの学習加速のパターンである。顧客の生の声に触れる機会をつくることで、学習をスピードアップしたいと現場が思うようになるきっかけになることを期待するのである。

いったんはオーバーエクステンションがかなり成功した後の工夫だが、プリウス発売直後からプリウスの故障現場に開発部隊を派遣したことは、生の顧客の声（この場合は叱声であろうか）に接することにより、顧客の状況とプリウスの現状を開発部隊がよく学ぶことを狙った部分があったのであろう。

森が官庁の計算機研究会の人たちに日本語ワープロの試作品を見せては意見を聞いていたのも、学習加速のための顧客の生の声への期待からである。小倉がドライバーたちをセールスドライバーとわざわざ呼び、顧客へのサービスを前面に打ち出したのも、顧客の生の声を聞いて現場が仕事のよりよい仕方をさまざまに学ぶ一つのきっかけにしたかったのだと思われる。

第三の圧力装置の工夫のパターンは、自分たちの学習成果の比較相手を臨場感を持って身近に設定することである。学習の成果として自分の能力基盤が進歩する様子を比較できる相手がすぐ傍にいれば、学習は加速されるだろう。

その例になると思われるのは、アマゾンでサードパーティの出品を募るアマゾンマーケットプレイスを始めたことが、アマゾン社内の小売り部隊に与えたインパクトである。自分と同じプラットフォームを使うサードパーティは、絶好の比較相手になるのである。その比較相手の様子がランキングなどですぐにわかる。小売り部隊が自分たちの能力基盤を高めようとする刺激、よりよい小売りオペレーションの学習への圧力の一つになるだろう。

やり切るためのマネジメント——継続の覚悟

踏み切りのマネジメント、学習のマネジメントと段階を追ってオーバーエクステンションのプロセスマネジメントをやってきたとしても、オーバーエクステンションの成功までには時間がかかる。その間には、さまざまな想定外のできごとが起きることもあるだろう。そうしたさまざまな事態への対応をきちんとしなければ、オーバーエクステンションの成功にはたどり着けない。

そのたどり着くまでのプロセスの最後の部分では、「やり切るためのマネジメント」が必要となる。いわば、オーバーエクステンションプロセスの「継続」のマネジメントである。そのマネジメントの中心的論理は、前章の三つの基本論理のうちの「覚悟からの意識集中の論理」であろう。

その論理を中核として、やり切るためのマネジメントの三つのポイントは次のものだと思われる。

・夢を語り続け、本気の背中を見せ続ける
・退路を断つ
・赤字（苦境）に耐える体力の確保

継続すべきことの基本は、夢と覚悟である。したがって、オーバーエクステンションのプロセスの間は、必要なときに夢を語り続け、本気の背中を見せ続けることが「やり切るためのマネジメント」の第一のポイントとなる。

想定外の困難が起きても、夢を変えないし、覚悟も変えない。そうしたオーバーエクステンションのリーダーの態度を、組織の人々に伝えるための手段を工夫することも大切である。

もちろん、自らの言葉で夢を語り続け、覚悟の背中が見えるようにするのは大切なのだが、行動で示す、象徴的な言葉を選ぶということも大切だろう。

行動で夢と覚悟を語り続けるいい例が、小倉が運輸省を相手に啖呵を切った「公開ケンカ」である。とくに路線免許認可の遅さをめぐる運輸大臣相手の訴訟は、まさにオーバーエクステンションの最中に、覚悟の背中とオーバーエクステンションがもたらす夢を組織に伝える絶好の機会になっている。

森もまた、日本語ワープロとかな漢字変換ソフトの最初の成功（大型ワープロ）の後に、ポータブル型を開発している途中での事業部の方針変更（ポータブルから中型への勝手なシフト）に対して、組織人としてはきわめて例外的な「怒りの行動」をとっている。ポータブル型の生産を「変節した」ＯＡ事業部から家電事業部へと持っていってしまったのである。この行動は、森の夢の大きさやその成就への覚悟をワープロ開発に従事する人たちに語っている。「そこまでやるか」と周囲は驚いただろう。

また、夢や覚悟を定着させるように「象徴的な表現」を工夫するというのも一つの手法である。たとえば、小倉は翌日配達というわかりやすい言葉を編み出し、しかもそれをヤマトのトラックの側面に大きな文字で書かせた。それでこの言葉は、潜在顧客に向かっての宣伝になったばかりでなく、それをやり遂げるという覚悟を外部に公言する形になったのである。

森が大型ワープロ発表時の記者発表で、「次はパーソナル型」とわざわざ自分で明言したのも、その夢と覚悟を社の内外に伝える効果を持った。「語り続ける」ことの一つの表現形である。

やり切るためのマネジメントの第二のポイントは、退路を断つことである。もはやオーバーエクステンションを推進するしか道はないという形に、オーバーエクステンション開始後の早いタイミングで持っていってしまうのである。

その典型例が、プリウスの開発初期における経営陣による二度の市場投入時期の繰り上げである。それもひどい繰り上げで、当初は「ギリギリで4年半」と現場が考えていた発売時期を二度にわたって1年ずつ、合計2年も繰り上げたのである。開発の現場は、退路を断たれている。しかも、経営陣はマスコミへの発表を早め早めにやっている。これもまた、現場が「もうやらざるを得ない」と退路を断たれた思いになるようなできごとであったろう。

小倉の場合は、商業貨物の輸送を引き受けていた大口顧客（三越と松下）から撤退したのが、一種の退路を断つ行動であった。社内で宅急便に懐疑的だった人たちも、社長は自ら退路を断ったかと観念しただろう。

ベゾスの場合は、次から次へとオーバーエクステンションの波を怒濤のように起こしているわけだから（インターネット小売り、インターネット市場、プライムとＦＢＡ）、一つのオーバーエクステンションの退路を断たれただけでなく、次のオーバーエクステンションへと組織を駆り立てているのである。オーバーエクステンションをやり切るマネジメントの究極の姿といえるかもしれない。

やり切るマネジメントの第三のポイントは、オーバーエクステンションがもたらす当面の赤字あるいは苦境に耐えられる体力を確保することである。それは基本的には財務的な体力であろう。

赤字が大きくなっても組織としてつぶれることはないことの確認なしにオーバーエクステンションを継続することは無謀だし、また苦境を現実に経験する現場の人々の心理も持たないだろう。

この体力確保のために、小倉は三越や松下からの撤退を宅急便の初期の成功が確認されるまで待った。また、宅急便のネットワーク形成に必要な大きな固定費によって、損益分岐点は高くなる。その点を荷物扱い量が越えるまでは、最低限の投資で懸命に頑張ったのである。

ベゾスは、証券アナリストの「倒産予測」とも闘いながら、初期の長い赤字に耐え続けた。そして、資本市場からの資金を確保するために、株主への手紙では自分の哲学を書き続けたのである。

プリウスの場合、一代目は赤字を想定しての発売だった。それを許容する経営陣がいたからこそ、オーバーエクステンションを継続できたのである。また森の場合、開発初期は研究所のアンダーザテーブル制度に助けられて、「自分たちの勝手開発プロジェクト」という位置づけだった。いわば、会社の制度で赤字に耐える体力を確保してもらったのである。

いってみれば、内山田も森も、経営陣の「当面の赤字許容」というスタンスに助けられたのである。これは、多くの大型製品開発イノベーションに共通する特徴であろう。そのスタンスを持てない経営陣のもとでは、オーバーエクステンションの花は咲かないだろう。

第5章

神の隠す手の原理

経営は
無理をせよ、
無茶はするな

オーバーエクステンションの論理の広がり――ハーシュマンと孫子

オーバーエクステンション戦略の論理の本質の一つは、組織がいったん困難に遭遇するような状況が、じつはその組織が後に大きな成功を得るための力を持つことに貢献するという現象である。

この論理が通用する状況、そしてこの論理を意図的に利用しようとする決断は、経営戦略の世界だけでなく、さまざまな分野で洋の東西を問わず、ときに主張されてきたことである。

その面白い例として、国の経済発展の戦略の世界からハーシュマンの「神の隠す手が開発プロジェクトを困難に遭遇させた後に成功へと導く」という原理、軍事戦略の世界から中国の古典的兵書『孫子』の「全軍を厳しい状況にあえて投入する」という戦略、その二つを紹介しよう。

すでに序章でも紹介した世界的に著名な開発経済学者であるアルバート・O・ハーシュマンは、世界銀行が援助した世界各国での経済発展プロジェクトを1960年代に現地調査した結果、成功したプロジェクトの多くが「想定外の困難にプロジェクト開始後にぶつかり、しかしそれを克服して事前の想定とは少し違う形で成功する」という共通のパターンを持っていることを発見した。

ハーシュマンの鋭さは、それがたんなる「結果オーライ」ではなく、その背後に原理があると考えたことである。それが、以下この章でくわしく考える「神の隠す手の原理（Principle of Hiding Hand）」である。

神の手が人間の困難予測能力と自分たちがじつは秘めている問題解決能力を「隠している」ために、人々は「不用意に」大きなプロジェクトに乗り出し、事前に予想もしなかった大きな困難に遭遇し、それを解決しようとする努力を懸命に続ける中で自分たちも気づいていなかったポテンシャル能力が引き出され、それでプロジェクトが成功するというのである。アダム・スミスの「神の見えざる手の原理（Principle of Invisible Hand）」をもじった命名であろう。

この章では次節以下で主に神の「隠す手の原理」について考えるが、孫子の例も興味深い。この冒頭の節では紀元前5世紀頃（今から2500年以上前）の孫子の戦略について考えたい。今から70年ほど前の経済発展の世界と2500年ほど前の軍事の世界とが、似たような論理で共鳴しているのが面白い。

『孫子』の九地篇に、次のような言葉がある。将軍のすべきことを語った言葉である。

三軍の衆を聚《あつ》め、険に投ずるは、此れ将軍の事なり。九地の変、屈伸の利、人情の理、察せざるべからざるなり（伊丹『孫子に経営を読む』78ページ）

三軍とは、全軍ということであり、険とは厳しい状況の戦場のことである。その状況にあえて全軍を投入するだけの覚悟があるか、と孫子は問うている。たんに危険を冒すだけではだめで、この言葉にすぐ続いて九地の変、屈伸の利、人情の理を考えて勝算のある戦略をつくるべしとも孫子は言っている。

九地とは、さまざまな状況の土地という意味である。孫子は九つの種類の土地の状況を九地篇で解説しているが、その変を考えよとは、経営の世界の言葉に置き換えれば、環境条件の多様なあり方をきちんと考えて自分が置かれた環境に適合した戦略を考えよということになる。

屈伸の利とは、兵を退いたり進ませたり、さまざまに展開することのメリットのことだ。経営の言葉に置き換えれば、自社の資源・能力の展開の仕方を考え抜けと孫子は言っているのである。

人情の理とは、戦いの現場で実際に戦闘をする兵たちの心理の理《ことわり》ということである。つねに兵士の心理を考えて作戦を立てよ、という孫子らしい必須考慮要件である。

険に三軍を投じた軍事戦略の古典的な例が、滅びゆく秦帝国の後継を争って劉邦と項羽が戦っていた頃の古代中国にある。韓信という武将が趙軍を相手にとった背水の陣である。川を背にして陣取るのは、後退すれば水に追い落とされることになり、きわめて危険な状況である。その陣形をあえて韓信はとった。つまり、孫子の言うように「三軍の衆を聚め険に投じた」のである。

しかも韓信は、背水という九地の変を利用し、その上に屈伸の利も人情の理も考えた戦略を用意していた。

まず韓信軍の兵士は、もはや後退はできないことを知り、必死になって戦わざるを得なくなった。ここに一つの人情の理が考慮されていた。その結果、彼らの秘められた実力が見事に引き出された。また相手方の将兵は、「背水の陣」という拙劣な戦法をとるような韓信軍は兵法を知らないと敵をなめてかかった。だから、心理的につい緩んだ。緩んで、自軍の城から揃って出て、かさにかかって攻めかけた。ここでは、敵軍が「緩む」というもう一つの人情の理が考慮されている。

しかし、必死の韓信軍を前に敵は攻めあぐね、ついに自軍の城に引き返そうとした。だが、総出で攻めていたために、城の防備に残した人数は少なかった。それを韓信の別動隊がすでに攻めていた。ここでは自軍の屈伸の利を韓信は考え抜いている。その城はやすやすと韓信軍のものとなった。

その結果、敵軍は川を背に攻めてくる韓信軍本体と城を奪った韓信軍別動隊とによって挟み撃ちされる形になってしまった。当然、敵兵は恐怖し、全軍総崩れとなった。韓信の屈伸の利を考えた戦略が、敵兵の人情を潰走の心理へと導いたのである。

この韓信の戦略、それを促している孫子の戦略は、まさにこの本で書いてきたオーバーエクステンション戦略と本質が同じである。自分の実力以上に見える「背伸びの戦略」、そして大きな困難に遭遇する戦略をわざわざとることによって現場には危機感をもたらし、それがポテンシャルを引き出す。さらには背伸びの結果としての苦しい戦いの経験が、自分たちを成長させる。

三軍を険に投じた経営戦略のもっとも劇的な成功例の一つが、戦後の高度成長の先駆けとなったとよくいわれる川崎製鉄（当時。現ＪＦＥスチール）の千葉製鉄所建設の大投資であろう。

１９５０年に川崎製鉄が川崎重工業から分離独立したとき、川鉄は高炉を持たない（銑鉄生産のできない）中堅鋼板メーカーにすぎなかった。川崎重工業の製鋼部門の長から川鉄の初代社長となった西山彌太郎は、独立後すぐの１９５１年に千葉に１００万坪の大型一貫製鉄所をつくる計画に乗り出した。終戦後わずか６年である。

しかし、設備投資金額は当時の川鉄の資本金の30倍にも相当する163億円。しかも、川鉄は高炉の建設も操業も経験したことのない関西の平炉メーカーである。それが、当時の日本全体の鉄鋼需要の1割を超える規模の銑鉄鋼板一貫生産を首都圏で始めようというのである。

それまで関西の工場で働いていた川鉄の従業員の多くが、千葉へ転居しなければならなかった。まさにオーバーエクステンションの極みであった。業界も、金融筋も、否定的な見解が渦巻いていた。そのような中、西山は川鉄の従業員を「険に投じた」のである。西山は、九地の変も屈伸の利も、そして人情の理もすべて考えた緻密な戦略を用意していた。

九地の変という意味では、戦後復興のために国内鉄鋼需要が増えることを読み、世界市場への輸出も伸びていくことを予想していた。それに対応するための競争力ある最新鋭製鉄所計画であった。

屈伸の利では、資金的には内部留保を大きく確保して借り入れに頼る部分を小さくし、その上で世界銀行からの借款に挑戦。見事、成功した。製鋼技術では西山自身が日本でも有数の技術者だったし、高炉技術のためには満州（現中国東北部）の製鉄所から引き揚げてきた優秀な技術者集団が西山の雄大な構想に共鳴して、意気も高く参画した。

人情の理という点では、工場の従業員に至るまで川鉄内部の人々は、現場をつねに歩き回る西山をオヤジと慕い、西山の構想の実現に一丸となった。終戦直後に西山が責任者だった工場が巨大労働争議に見舞われたとき、西山がとった毅然としてかつ人情味あふれる態度に多くの従業員が心服していたのである。そしてもちろん、千葉の大投資自体が背水の陣としての心理的効果を持っていた。

千葉製鉄所は、競合の製鉄所と比べて大幅なコストダウンに成功した。そのための技術的な準備作業（たとえば、新しい鋼板生産技術）を西山は関西の工場でさまざまに行っていた上に、大型・最新鋭ならではの製鉄技術を千葉で導入したのである。

もちろん途中ではさまざまな困難に遭遇したが、それらを乗り越えて西山の戦略は大成功した。その成功は、鉄鋼業のみならず日本の重化学工業全体の高度成長のきっかけとなった。たとえば、日本の鉄鋼メーカーが一斉に大型臨海製鉄所の建設へと舵を切るのは、川鉄に遅れること4、5年、川鉄・千葉製鉄所の成功を見てからであった。

神の隠す手の原理とは

オーバーエクステンション戦略のアイデアには、「それはリスクが高すぎる」という反論がすぐに出てきそうである。実際、西山のオーバーエクステンションにはそんな反論があちこちから出てきた。経済の論理、カネの論理からすればその反論が容易に想像できるので、そもそもそんな「無理」を考えようともしなくなるのが、ふつうの人間かもしれない。

しかし、人間の本性をあらためて考え直してほしい。多くの人は、オーバーエクステンション戦略に象徴されるような革新的な試みから「どんな困難が生まれるか」をある程度予想する能力を持っているが、いったん困難に遭遇してしまった後の自分たちの問題解決能力をきちんと事前に予想する能力は意外に小さい。つまり、困難だけは予想できるが、それを解決する知恵と努力が事後的に出てくることを予想できない人が多いのである。だから、会社の会議の席などで「それはなぜできないか」という論理をとうとうと主張する人がすぐに出てくる。

その結果、積極策や革新的な試みが議論の俎上に上がったとしても、「リスクが大きすぎる」と退けられる。悪くすると誰もそうした積極的な革新策を考えようともしなくなり、議論の俎上に上がることすらなくなる。それでは、多くの企業が閉塞状況に置かれてしまう。

そんな閉塞状況から抜け出すヒントを与えてくれるのが、この章の冒頭でも紹介した「神の隠す手の原理（Principle of Hiding Hand）」である。たとえば、その原理が象徴的に働いているのが、ハーシュマンが現地調査をしたプロジェクトの一つ、東パキスタン（現バングラデシュ）のカルナプリ・パルプ工場プロジェクトである（この原理とその実例については、ハーシュマン前掲書がくわしい）。

このプロジェクトでは、カルナプリ地域の周辺に巨大な規模で存在する竹を植物繊維源として使ってパルプと紙をつくることが計画された。しかし、プロジェクトが進行し工場が操業開始して6年も経った後に、地域の竹林が全滅するという誰も予想していなかった事件が起きた。竹の花が咲いたのである。花が咲いた竹は死ぬ。しかも、いったん死んだ竹から新たな竹が再生してパルプ原料にふさわしい大きさに育つまでには、何年もの年月がかかる。

だが、もう後戻りはできない。二つの努力が全速力で始まった。一つは、東パキスタンの他の地域から竹を集め、この工場への輸送網をつくる努力。もう一つは竹以外のどんな植物が地域で栽培可能で、将来の植物繊維の供給源となれるかの実験。この二つの努力の結果、竹の供給地域の多様化と繊維源となる植物の多様化という二つの多様化に成功して、プロジェクトは完了した。しかも、輸送網の整備は、地域の経済全体に好影響をもたらすインフラ整備になった。

これに似た事例が他にもかなりあることを観察したハーシュマンは、たんなる「幸運な結果オーライ」というべきでなく、そこには原理があると考えた。それが、「神の隠す手の原理」である。その概要は、以下の通りである。

人間は大きな企てへの道で起こり得る不具合や障害をかなり正確に想像する能力がある一方、問題が発生した際の自分の問題解決能力は過小評価してしまう。精緻な事前分析を要求すれば、ますます不具合や問題点だけが洗い出されやすい。不具合は大きく評価され、問題解決能力は小さく評価されるから、人間はそもそもそうした企てに乗り出さなくなる。

しかし、神の隠す手が将来発生する大きな困難を人間の目から隠していることがしばしばある。たとえば、カルナプリの竹の花を神は人間の目から隠していた。だから、人間は結果としては「不用意に」大きな企てに乗り出した。

人間が困難に直面したときに、これも神が人間の目から隠していた自分自身の問題解決能力のポテンシャルの大きさが初めて前面に出てくる。その結果、人間は想定外の困難を克服して新しい企てに当初の想定とは少し異なる形で成功する。

ハーシュマンが提唱した「神の隠す手」とは、大きな困難の発生の可能性と人間の解決能力の可能性、その二つをともに隠す手である。神の隠す手がなければ、よくわからない困難があるかもしれない大きな進歩への企てに人間は乗り出すことができなくなるだろう。

もちろん、想定外の困難が起きてしまったとき、人間の問題解決能力が新たに生まれてこなければ、それはたんなる失敗に終わる。

しかし、神の隠す手は、人間の問題解決能力の大きさをも隠していることがしばしばである。だから、困難な状況に立ち至った現場では、思いもかけぬ人間の知恵と努力が出てくることが多いのである。火事場の馬鹿力というべきか。それで結果的に企ては成功し、社会に進歩がもたらされる。

目の前の障害の大きさと変革のリスクを考えると、大きな跳躍をつい躊躇するのがふつうの人間である。神の隠す手の原理が働いてくれて初めて、人間が跳躍する。跳躍の後にはしばしば障害にぶつかるだろうが、それにめげずにもがき続けると神の隠す手がふたたび出てきて、人間の目から隠していたポテンシャルを指し示してくれる、引き出してくれる。つまり、問題解決能力を人間の目から隠していた手が、それを引き出す手に変わるのである。

頑迷固陋な人間たちの社会が進歩してきたのは、じつはこうした神の隠す手の原理に負うところが大きいのである。つまり、とにかく動き出すと、よくも悪くも何かが見えてくる。動き出さないと何も見えてこない。さらに、正しいことをしていれば助けの手が出てくる可能性も大きい。

こうした「挑戦とそれが生み出す困難への対応」の連続で人類社会は進歩してきたとい

うのが、ハーシュマンの言う「神の隠す手の原理」である。

隠す手の本質

神の隠す手が隠すものは、起き得る困難と人間の潜在能力（問題解決ポテンシャル）の両方だが、より厳密にいえば、困難も潜在能力も、神の手が完全に隠していることはないだろう。隠しているものもあれば、隠していないものもあるはずである。その中で、隠している部分に焦点をあてて「隠す手」とハーシュマンは言っているのである。起き得る困難のかなりを隠し、潜在能力もかなり隠している場合、人間は「不用意に」大きな企てに乗り出すのである。

しかし、隠す手はそもそもどのようにして生まれてくるのか。

困難を隠す手の場合を考えてみると、多くの人間は遭遇しそうな困難を真剣に考えるのがふつうである。だから、隠す手が隠している部分はあまり大きくないだろう。とくに、開発プロジェクトのような大きな投資が必要となる企ての場合、将来に発生する困難に鈍感ではとても開発プロジェクトの運営などできそうにない。

それでも困難を隠す手が生まれ、大きな困難を人間の目から隠してしまう状況として、二つの場合が想定できる。

一つは、自分たちの問題解決能力について過大な評価をしていて、自信過剰な状態にあるときである。ほとんどの困難など発生しても解決できると思っていれば、それが困難を隠す手を生み出す。

もう一つは、プロジェクトが成功すると獲得できるメリットあるいは成果を過大に評価している場合。その過大評価、大きな成果の約束に目がくらみ、困難を過小評価することがあり得る。開発プロジェクトの場合、そうした困難の過小評価が生まれやすいパターンとしてよく見られるものが二つあるとハーシュマンは言う。

一つは、このプロジェクトが先進国ですでに成功したプロジェクトの単純な応用、繰り返しだと考えてしまうケース。企業戦略の世界でも、「アメリカ企業が成功裏に終えた戦略を真似る」という形で、困難が過小評価されることがありそうだ。たとえば、アメリカで成功した技術の輸入などである。成功した際のノウハウまで教えてもらえるから、かなり簡単に成功に持っていけるという論理がつくられるのである。

もう一つの成果の過大評価のケースは、開発プロジェクトのさまざまな側面について「包括的に」配慮がなされて事前の計画がつくられている、というケースである。「包括的な準備」という言葉が、「ほとんどの困難に対する対策がある。だから大きな成功は間違いなし」と錯覚されるのである。

では、潜在能力を隠す手はどのようにして生まれてくるのか。

こちらの隠す手は、じつは多くの人間が本性として持っているものかもしれない。自分の経験不足、自信不足から自分の潜在能力を過小評価するのは、人間の常かもしれない。

しかしそれだけでなく、将来のリスクの過大評価が「潜在能力を隠す手」をつくり出すこともありそうだ。過大に評価されたリスクの大きさに目がくらみ、それをはね返す問題解決ポテンシャルなどとてもありそうにない、と問題解決能力全体を真剣に考えない。だから、能力の過小評価になってしまう。

ハーシュマンは、こうした神の隠す手が機能して「不用意に大きな企てに乗り出してしまう」人間が、困難に遭遇してもがき苦しむうちに困難の解決とその先の大きな成功をつかむ可能性を「神の隠す手の原理」として着目したのだが、そこで神の隠す手が果たす貢献の本質は何だろうか？

一つは、ハーシュマンも言うように、危険回避をしがちな人間にリスクをとらせる、挑戦をさせるという貢献である。そうしたリスクテイキングがなければ、人類の進歩はない。これは大きな貢献である。

もう一つの本質的貢献は、人間の潜在能力を顕在化させる、引き出すという貢献である。困難に遭遇した後のもがき苦しむプロセスが、ポテンシャルを引き出すことに貢献するのである。

言葉を変えれば、困難や潜在能力を隠していた手が潜在能力を引き出す手に転換するということである。神の隠す手は、隠していることだけに意味があるのではなく、後にポテンシャルを引き出す手になることに最大の意味があるのである。

では、なぜ隠す手が引き出す手になれるのか、転換できるのか。

まず、隠す手が隠していたリスクが顕在化して、人間は困難な状況に遭遇する。それは、隠されていた困難が表面化することによって、どんな問題を解決しなければならないのかが明示的になるということを意味する。

そして同時に、リスクの過大評価によって過小評価されていた問題解決能力、隠されていた潜在能力に正面から向き合わざるを得ない状況が生まれる。困難が顕在化した段階ではすでに簡単には撤退できないような状況になっていることが多く、そこでは問題解決能力を限界まで試そうとするインセンティブが生まれるのである。自分の問題解決能力に自信がないなどとはもう言っていられない。

こうして、困難を隠していた手と潜在能力を隠していた手がともに現実的に機能して、困難と自分の問題解決能力を直視させる方向へと人間を導く。つまり、問題解決を必要とする状況の詳細とそれを乗り越えるために必要な問題解決能力とを突き合わせることができるようになる。

その突き合わせの結果、問題解決の潜在能力が引き出されるきっかけとなる。もちろん、その能力が潜在的にも存在しない場合は、プロジェクトは失敗に終わるだろう。しかしポテンシャルがあれば、その突き合わせの瞬間が、隠す手が引き出す手に変わる瞬間となる。

こうした「隠す手の引き出す手への転換」が起きやすくなるためには、いくつか条件がある。ここでは、四つの条件をあげておこう。

第一の条件は、転換へとプッシュするはっきりしたきっかけがあることである。多くの人の目に明らかな困難の登場である。カルナプリプロジェクトの場合の具体例は、竹の花が咲き、地域の竹資源が消滅したという困難である。

第二の条件は、問題解決の努力への強制装置の存在である。たとえば、今さら撤退できない、なんとかしなければならないという状況である。カルナプリプロジェクトの場合、すでにパルプ工場は操業6年目に入っていた。

この第二の条件成立のためには、困難の表面化の時期はあまり早くない方がいいし、財務的評価もプロジェクトの初期にきびしくしない方がいい。すぐにあきらめてしまいかねないからである。あるいは、初期投資がかなり大きく、困難発生時にすでにサンクコストが問題になってしまっている投資がかなりあることも必要かもしれない。そのサンクコストが問題解決努力への強制装置となる。

第三の条件は、問題解決の方向性についての強い示唆が困難によってもたらされることである。カルナプリプロジェクトでは、誰の目にも植物繊維資源の多様化という問題解決の大きな方向性は明確だった。それで、竹確保の地域的多様化と別な植物繊維への品種的多様化が模索された。

第四の条件は、現場でのマネジメントの人的特徴である。実験のスピリットと長期的視野を持った人間がある程度の人数で現場に存在することである。おそらくカルナプリプロジェクトの場合、実際に工場を建設してから6年間の操業をまがりなりにもしてきた経験の蓄積が、そうした人材を準備することにもなっていたのであろう。

神の隠す手がポテンシャルを引き出す手に転換できなければ、神の隠す手の原理は最後まで働かない。たんに隠すだけになり、プロジェクトは失敗に終わることになるだろう。引き出す手への転換はハーシュマンが強調していることではないが、私には神の隠す手の原理が成立するための必須条件と思える。この転換が、隠す手の本質なのである。

神の隠す手が、意図せざるオーバーエクステンションを生み出す

神の隠す手の原理とオーバーエクステンションの論理の類似性は、誰しもが感じるだろ

う。

神の隠す手の原理の場合、困難を隠す手によって自分の目から大きな困難を隠された人間が、それと知らずに大きな企てに不用意に乗り出し、そこで想定外の困難に遭遇して当初の想定とは少し違う成功へたどり着く。想定外の困難に遭遇してから成功にたどり着くまでの論理の大半は、オーバーエクステンションの「緊張からの現場学習の論理」そのものである。

たとえば、遭遇する困難がどんな能力を必要とするかを示してくれる。つまり、自分の実力がどのように足りないかの詳細を困難が教えてくれる。第3章で解説したオーバーエクステンションの基本論理の一つ、現場学習の論理の中の現場シグナル効果と同じである。しかも、プロジェクトはすでに進行していて、今さらやめるとは簡単に言い出せない。だから、困難を乗り越えるための能力獲得への大きな努力を、なかば現場が強制されることになる。これは、オーバーエクステンションの基本論理でいう緊張による実地学習加速効果である。

こうした学習加速の結果、たんに当面の実地学習が進むだけでなく、神の隠す手は人間が秘めていたポテンシャルを引き出してくれることも多い。つまり、オーバーエクステンションの論理でいうポテンシャル顕在化効果である。

困難が生み出す学習というところに神の隠す手の原理の一つの本質がある。

しかし、神の隠す手の原理とオーバーエクステンションとの間には、大きな違いもある。オーバーエクステンションの場合は実力不足を承知の上だから、かなりの困難に遭遇することが事前に想定されている。しかも、その困難が自分たちの能力を鍛えてくれる、ポテンシャルを引き出してくれる可能性を信じて、あえて困難に挑戦する。意図的にオーバーエクステンションを選択しているのである。孫子の「三軍を険に投ずる」という戦略も、意図して行うオーバーエクステンションであった。

だが、神の隠す手の原理の場合、困難は想定外に表面化する。たとえば、カルナプリプロジェクトの場合、竹の花が咲くことはまったく想定されていなかった。いわば、意図せざるオーバーエクステンションに「事後的になってしまう」のだ。それが神の隠す手の原理の領域なのである。

つまり、神の隠す手の原理が機能する典型例は、「能力が鍛えられることを期待する」という部分がないままに窮地に追い込まれて、結果として能力が鍛えられるケースなのである。だから、比喩的にいえば、神の隠す手が意図せざるオーバーエクステンションを生み出すということになる。

なぜ、「意図せざる」にもかかわらず、そのオーバーエクステンションが最終的には成功するのか。第3章と第4章のオーバーエクステンションの基本論理とプロセスマネジメントの論理から、二つの理由を指摘できるだろう。

第一の理由は、意図せざる場合でも、オーバーエクステンションが実際に生み出された後はオーバーエクステンションの基本論理が機能し得るから。つまり、第3章の論理をきちんとフォローすることが意図せざるオーバーエクステンションでも行われるなら、成功することができるということである。

くわしい論理の説明は繰り返さないが、三つの基本論理つまり、

・夢からのエネルギー供給の論理
・緊張からの現場学習の論理
・覚悟からの意識集中の論理

がきちんと成立するようなマネジメントが行われれば、意図せざるオーバーエクステンションでも成功できる。

「意図せざる場合でも成功できる」第二の理由は、第4章のオーバーエクステンションのプロセスマネジメントの大半が意図せざるオーバーエクステンションが生み出された後に

成立することである。つまり、すぐれたプロセスマネジメントがあると、意図せざるオーバーエクステンションが結果として成功する。

第4章であげた四つのステップのうち、助走のマネジメントと踏み切りのマネジメントは、そもそも意図していないオーバーエクステンションだから無関係だろう。したがって、学習のマネジメント、やり切るためのマネジメントがきちんと行われるということが、意図せざるオーバーエクステンションでのすぐれたプロセスマネジメントの主な内容であろう。

「意図」と「意図せざる」のミックス

もっとも、意図的に行うオーバーエクステンションの場合も、どんな困難に遭遇するかがすべて事前にわかっているわけではない。どんな困難かは完全にはわからないが、さまざまな困難が出てくるだろうこと自体は、「実力不足での挑戦」なのだから事前に予想されている、また主な困難は具体的に予想できているということである。

したがって、意図的なオーバーエクステンションもまた、想定外の困難に遭遇して、その部分では意図せざるオーバーエクステンションを含んでしまう。その場合には、神の隠す手の原理に導かれる成功が、全体の成功の中に含まれることになる。

こうして意図したオーバーエクステンションと意図せざるオーバーエクステンションとがときにミックスされることが想定できるのだが、この場合、潜在能力を隠す手は能力を「完全には隠しておらず、かなりあるがしかし十分にあるかはわからない」。今は見えていない能力（隠されている能力）が見えている困難で鍛えられると信じられると、意図したオーバーエクステンションへの挑戦が起きることになる。

そして、十分には実力がないことを承知の上であえてリスクをとって挑戦し、その後で能力が鍛えられる道をとる。これが意図したオーバーエクステンションの本質であろう。だから、経営戦略としてのオーバーエクステンションの成功の一つの大きな条件は、ある程度は見えている困難で隠された能力が引っぱり出されるような「学習」が起きることへの「事前の想像力」なのである。

神の隠す手の原理が教えてくれることは、意図せざるオーバーエクステンションですら、成功することがかなりあるということである。しかも、ポテンシャルを引き出す鍵は、神の隠す手の原理の場合も「学習」なのである。

であれば、最初から意図して、学習への戦略を持った上でのオーバーエクステンションならば、成功する確率が「当初は実力不足」という言葉がもたらすイメージよりもかなり高いと思っていいだろう。意図したオーバーエクステンションの成功の鍵は、この学習への想像力とそれを使った能力基盤の不足を克服する戦略の準備なのである。

もっとも、意図したオーバーエクステンションと分類される経営戦略でも、「誰にとって意図したものか」「誰にとっては意図せざるものか」という点で微妙なケースがあることを、この節での「意図」と「意図せざる」のミックスの議論の締めくくりとして指摘しておこう。

たとえば、現場にとっては意図せざるオーバーエクステンションだが、経営者にとっては意図したオーバーエクステンションというケースがあり得る。第2章のプリウスのオーバーエクステンションがそのいい例である。

最初はハイブリッドなど無理で、とてもやれないと思っていた現場のチーフである内山田にとって、プリウスという市販車のパワートレインをハイブリッド方式にするという戦略は、なかば誘導されて（あるいは追い込まれて）覚悟せざるを得なくなったものだった。自分たちとしては意図せざるオーバーエクステンションだったろう。

追い込んだのは副社長の和田や技術担当役員の塩見であり、さらに開発のデッドラインを繰り上げさせた社長の奥田である。最初からこのオーバーエクステンションを宣言して強引に事を進めるより、現場が覚悟する方向へと持っていった方がいいという経営判断であろう。

つまり、和田などトヨタの経営陣にとっては意図したオーバーエクステンションだったが、内山田らの実際の開発チームにとっては最初は意図せざるオーバーエクステンションで、中途からは覚悟したオーバーエクステンションとなったと考えてよい。

同じく第2章で紹介した日本語ワープロの例でいえば、現場のチーフの森にとっては意図したオーバーエクステンションであったろうが、東芝の経営陣にとっては意図せざるオーバーエクステンションだったかもしれない。あるいは、オーバーエクステンションという認識もなく、大きなプロジェクトに森によって引きずり込まれたというべきかもしれない。

こうした「意図」と「意図せざる」のミックスは、それをなんらかの意思を持って混在させ、使い分けるのであれば、決して悪いことではない。問題の本質は、オーバーエクステンションがポテンシャルを引き出す役割をきちんと果たせるかどうか、なのである。したがって、オーバーエクステンションという戦略は、神の隠す手の原理をたくみに使った経営のあり方の例といえるだろう。

神の隠す手へ備える

ハーシュマンが神の隠す手の原理があり得ることを主張したとき、彼が言いたかったのは、神の隠す手が困難を隠していることがあるから警戒せよということではなかった。彼は、その原理が働くことを事前にきちんと把握することはむつかしくても、その原理を前向きに利用する経済発展の戦略は立てられると考えていた。

私も、神の隠す手の原理を積極的に利用する方向で経営戦略を考えたい。たしかにハーシュマンの言うように、神の隠す手の原理は人類の進歩に貢献してきた原理なのである。その深さから学びたい。

神の隠す手の原理が働き得ることを意識して、二つの「備え」が重要であろう。それが、この節の見出しにした「神の隠す手へ備える」である。

第一の備えは、意図せざるオーバーエクステンションを神の隠す手が生み出すことへの覚悟をつねに持つこと、とくに大きな戦略を打つときにこの覚悟を持つことである。その覚悟がないと、神の隠す手が隠していた困難に想定外に遭遇したとき、たんに不運に嘆くだけでなんら前向きの対応をとれない危険もある。

第二の備えは、組織の一部の人たちにとっては「意図せざる」と感じられるようなオーバーエクステンションを、あえて持ち込むことである。つねにこうした「持ち込み」をすべきということではないが、大きな企てへ乗り出すときに真剣に考える代替案としての「備え」である。トヨタのプリウスのイノベーションの背後では、このオーバーエクステンションの「秘かな持ち込み」が行われていたと思われる。

秘かなオーバーエクステンションの持ち込みとは、オーバーエクステンションが秘かに組織の中に輸入されると表現してもいい。そして、秘かに輸入されるとは、オーバーエクステンションの密輸入ということになる。

神の隠す手への備えとして、意図せざるオーバーエクステンションへの覚悟という備え、オーバーエクステンションの密輸入という備え。その二つの備えによって、神の隠す手の原理が自分の組織に有利に機能することを狙うのである。

オーバーエクステンションの密輸入については、次章でくわしく扱いたい。ここでは、「意図せざるオーバーエクステンションへの覚悟」という神の隠す手への備えについて考えておこう。

その覚悟とはまず第一に、神の隠す手が今は自分たちの目から隠している、大きな困難が出現する可能性を覚悟することである。もちろん、想定される困難への事前準備は懸命にする必要がある。それでも想定外の事態が起きることがある。想定外だからどんな困難かはわからない。それでも、何かとんでもないことが起き得ることだけは覚悟しておくのである。

そうした覚悟がないと、その想定外の困難が実際に出現したときに、「意図せざるオーバーエクステンションが始まってしまった」と認識できないであろう。その認識をし、その認識の後に「パニック症候群」になることなしに、冷静に対応を考える。オーバーエクステンションのプロセスマネジメントをきちんと行うのである。

そして、神の隠す手が働くことを信じて、今は隠されている自分たちの潜在能力を顕在化するための努力を総動員することが重要である。

その努力の総動員のために、またそれが想定外の困難の克服につながるために、事前に備えておく必要のあるものが四つありそうだ。

一つは、オーバーエクステンションの論理の理解である。想定外にせよ、オーバーエクステンションが始まってしまった以上、そこから先はオーバーエクステンションが成功につながっていく論理をきちんと歩みたい。そのためには、オーバーエクステンションの基本論理そのもの、そしてオーバーエクステンションのプロセスマネジメントの論理をきちんと理解しておくことが助けになるだろう。

第二の事前準備は、潜在能力の基盤になりそうな基本能力をなるべく培っておくことである。もちろんそれは簡単ではないし、いったいどんな基本能力が必要なのか、わからないことも多いだろう。基本的なインテリジェンス、簡単には挫けない達成への信念、組織としての健康な体力の準備などであろうか。

第三に必要となりそうな事前準備は、こうした潜在能力の基盤を現場が実際にうまく「解放」できるような、現場への大きな権限委譲と積極性のある組織文化である。その文化を持った人材である。想定外の困難を克服するアイデアと努力は、現場発のものが中心なのである。彼らが問題解決への主導的立場を自分たちに任されていると思わなければ（つまり権限委譲がかなり行われていなければ）、現場発のアイデアと努力は生まれにくいであろう。

第四に必要な事前準備は、想定外の困難が出現してしまったことをなるべく正確に、なるべく早く把握できるような情報収集体制である。想定外の困難はしばしば現場が隠したがることも多い。悪い情報ほど上に上がらないというのも、多くの組織の常である。しかし、そうした組織の悪しき慣性を放置していてはならない。

想定外の困難を逆手にとって潜在能力を懸命に動員できる立場にいる人間が、想定外の困難の発生をきちんと把握できる体制をつくることは、きわめて重要である。

つまり、意図せざるオーバーエクステンションの「発生の認識」の重要性を、私は二度にわたって強調していることになる。一つは、意図せざるオーバーエクステンションの発生（つまり想定外の困難）の可能性を事前に覚悟しておくこと。覚悟があるから発生の認識がしやすい。もう一つは、想定外の困難の出現の情報をすばやく集められること。情報があるから発生の認識ができる。こうした二つの条件が整って初めて、想定外のオーバーエクステンションの発生を認識できる可能性が高まるのである。

以上で述べたような四つの「事前準備」は、決して容易なことではない。しかし、その事前準備が完全にはできなくても、その準備を心がけておくことの重要性は強調されるべきである。

有名な細菌学者パスツールは、イノベーションにおいて偶然の果たす役割について、こんな名言を残している。

幸運は準備のある心の持ち主を好む (Fortune favors the prepared mind)

意図せざるオーバーエクステンションに立ち向かう準備についても、同じことがいえそうである。

第6章

オーバーエクステンションの密輸入

経営は
無理をせよ、
無茶はするな

密輸入とは

組織が大きな企てに乗り出そうとするとき、大半の人の目を神の隠す手がふさぎ、困難発生やその後の克服ポテンシャルを見えなくしている。それが、神の隠す手の原理が働く基本的な状況である。

大半の人の目を神の隠す手が覆っていたとしても、中にはその隠す手をすり抜けて、大きな企てにおける困難の発生やその後の克服ポテンシャルをかなり正確に見通している人がいることがある。その人たちが、組織の実力が不足していることを「承知の上で」オーバーエクステンションを企画し、神の隠す手で目をふさがれている（困難もポテンシャルも）人たちにくわしく説明しないままに、ある意味で秘密のうちにオーバーエクステンションを開始するということがある。

それは、組織の大半にとっては「意図せざる」ものとなるオーバーエクステンションを、隠す手に目をふさがれていない少数の人たちが「意図的に」導入することに等しい。その人たちにとっては「意図的な」オーバーエクステンションが実行され、その結果として困難が顕在化し、そこで初めて組織の大半の人たちにとって意図せざるオーバーエクステンションが起きてしまったことが明らかになるのである。

そこから組織全体が困難克服の努力を懸命に始め、結果として自分たちの持っていた潜在的能力が前面に引き出され、最終的には困難が克服されて、企ては成功する。

それは、オーバーエクステンションが組織に密輸入されたと表現すべき状況である。密輸入するのは、困難とポテンシャルの両方を神の手によって（少なくとも完全には）隠されていない人たちである。

彼らは、自分たちが望ましいと考える戦略が組織の現在の実力の範囲を超えている危険があることを知っているが、組織の多くの人には「実力を超えている」部分を隠して、戦略を始めてしまうのである。だから、その戦略が招くであろうさまざまな困難は、組織の多くの人の目からは見えなくなっている。つまり、オーバーエクステンションが密輸入されるのである。

そうした密輸入があっていい、いや、もっとあるべきというのが私の意見である。

たとえば、前章の「『意図』と『意図せざる』のミックス」の節で紹介したトヨタの場合、副社長の和田や技術担当役員の塩見がオーバーエクステンションの密輸入をした人たちである。

彼らは、ハイブリッド方式がトヨタという組織にとってオーバーエクステンションになることを承知の上で、それを柔らかい形で現場の開発チームに導入した。つまり、最初から開発チームの目標をハイブリッド方式だとは明確にせず、途中でハイブリッド方式の市販車開発へと開発チームを誘導していったのである。

そして彼らは、密輸入の後に困難を極める開発プロジェクトに対して、全社的な支援が得られるように手配りもした。トヨタという組織の持つポテンシャルを開花させようという手配りである。それは、ある意味で密輸入責任者となる和田や塩見としては、当然の行動でもあろう。

なぜ密輸入というやや異常に聞こえる手段が、ときに必要となるのか。

それは、堂々とオーバーエクステンションを主張するには、組織全体としてのリスク受容性が低いことが多いからである。あるいは、オーバーエクステンションの実行部隊が、オーバーエクステンションに怯むかもしれない。それらのことを見越すと、オーバーエクステンションを組織の多くの人の目から「隠して」導入するしかなくなる。だから、密輸入になるのである。

成長期の時代には、多くの日本企業がじつは意図せずしてオーバーエクステンションの密輸入をかなりの頻度でやっていたふしがある。

その典型例が、アメリカで成功している技術を使った事業だから成功するという触れ込みで技術を導入し、新事業に進出するという戦略である。多くの場合、こうした戦略を発案するのは事業の現場である。

しかし、導入技術だけでは事業を成立させる技術全体の一部にすぎないことが、技術導入の現場で明らかになることが多い。そこで、追加の新規技術開発が現場で行われる。行わざるを得なくなる。結果として、その事業は困難を克服して成功する。

こうした事例の多くでは、じつは事業の現場もまた神の隠す手によって発生する困難が見えなくなっている状況だったろう。それは、意図せざる密輸入と呼べるだろう。しかし中には、現場が意図的に密輸入したものもあっただろう。

つまり、現場はかなり技術導入では苦労することを承知の上で、しかし技術の本質的な魅力と需要の存在の見通しから、あえて本社には予想される困難のすべてを詳細に報告することなしに、導入技術の魅力を強調して事業進出を主張するのである。

ただ、そんな場合でもオーバーエクステンションの密輸入であることを公言することは稀であろう。あるいは、密輸入したオーバーエクステンションが成功に到達したときには、しばしば、それが「トップの英断」という美しい話に「事後的に」変わってしまうこともありそうだ。

だから、オーバーエクステンションの密輸入については、事実による裏づけや証言が手に入りにくいことも多い。この章での以下の論理展開は、「論理的推論」が他の章にもまして多くならざるを得ない。

しかしそれでも、最近は無理をしなくなってしまった多くの日本企業、そのために成長の活力が落ちている日本企業にとっては、オーバーエクステンションの密輸入は大切な議論だと私は考える。しかも、密輸を取り締まるような「管理志向の強い」マネジメントが、かえって企業の活力の低下の大きな原因となっている危険がある。したがって、密輸入を「育てる」ようなマネジメント（育てるという言葉の意味は以下で解説する）にまでこの章の議論を広げて、オーバーエクステンションの意義を強調する意味は大きいと思われる。

経営発の密輸入

密輸入を企画するのが誰かという点に着目すると、オーバーエクステンションの密輸入には二つのタイプがある。経営発の密輸入と現場発の密輸入である。

経営発の密輸入とは、経営者が意図してオーバーエクステンションをする。しかし、オーバーエクステンションの全体計画を事前に示さないという状況である。そのオーバーエクステンションの実行を担う現場にとっては、全体計画がわからないままにオーバーエクステンションが始まってしまうという意味で密輸入になる。前節で説明したトヨタのプリウスが、その一つの事例である。

もう一つ、この本で紹介しているオーバーエクステンションの事例で経営発の密輸入があったと思われるのは、ベゾスによるＡＷＳへの進出である。

ＡＷＳ進出のプロセスの概要は、すでに第1章で説明した。ストレージとコンピューティングという二つのサービスで、それまでのインターネット小売業とはかなり性格の異なるＩＴサービス事業に参入して、大きな成功を収めた例である。そして、ＡＷＳによるオーバーエクステンションの前後のいきさつには、ベゾスという経営者によるオーバーエクステンションの密輸入と表現すべき行動があったと思われる。

ＡＷＳのさまざまなクラウドサービスは、２００4年から２００6年にかけて、ベゾスと技術系幹部が生み出したものである（ストーン『ジェフ・ベゾス――発明と急成長をくりかえすアマゾンをいかに生み育てたのか』１１3ページ）。それらのサービスにつながった開発の端緒の多くは、社内のＩＴ開発プロジェクトのためのＩＴインフラ開発であった。その成果を後に社外販売用に拡大すべく、さらに開発を加速したのである。

アマゾンは、２００6年3月、シンプルストレージサービス（記憶容量の従量制売り）の提供をひっそりと開始した。あまり注目を浴びなかった。その数カ月後、エラスティック・コンピュート・サービスのパブリックベータ版が投入され、外部向けサービスが提供された。これで、社外のＩＴ開発者がＡＷＳを使いたいと思う環境になった。そして、２

007年にシンプルDBというデータベースサービスが開始され、これでクラウドサービスの主な商品が揃った。

そこからAWSの快進撃が人知れず始まるのである。「人知れず」とは、業界の競合他社の注目をあまり浴びずに、という意味である。その基本的な理由は、ベゾスの価格設定にあった。従量制の利用価格がかなり低く設定されたため、競合は「それでは採算がとれない」と類似サービスの提供をしなかったのである。それで、業界にも隠れた事業参入のような形になり、いわば業界にも密輸入ということになった。

こうした快進撃が2007年以降に始まるまでは、さまざまなベゾスによる試行錯誤的な開発と失敗があった。インターネット小売業から大きく外れたITそのものを事業とすることへの社内の大きな反対を押さえつけての参入の試みだった。組織の人々にとっては、いわばオーバーエクステンションの密輸入だったのである。

たとえば、ベゾスは2003年にはグーグルに対抗しようと革新的なウェブ検索エンジンプロジェクトをさまざまな形で開始した。そして、ウェブ検索のみならず、ITインフラ整備のプロジェクトもこの頃から積極的に開始した。

2004年末には、ITインフラ開発プロジェクトのリーダーが南アフリカへ帰国したいと言い出すと、アマゾンのリモート開発センターを当地に開いた。彼が、アマゾン社内のサーバーを社内のさまざまなITプロジェクト開発者が使えるシステムを開発した。これが、2006年に外部に提供され始めた、エラスティック・コンピュート・サービスの原型となった。

ベゾスが蒔いた種が、ベゾスの直属監視を離れて、芽を出したのである。

2005年、ウェブ検索プロジェクトは結局失敗し、二人の技術系幹部がアマゾンを去ってしまうという事態も起きた。しかし、このプロジェクトが社内に残した技術的財産は大きく、社内向けのITインフラを外販するプロジェクトにはさまざまに貢献したと思われる。

AWSという部門がそもそもアマゾン社内につくられたときの構想は、アマゾンのインターネット小売りデータベースに外部の開発者がアクセスできるというものであった。したがって、後の外部向けクラウドサービスのイメージをベゾスが正確に描いていたわけではなさそうである。しかし、IT企業になるというベゾスの強い思いが、さまざまな開発を推進する原動力になった。ベゾスにしてみれば、多様な小さなオーバーエクステンションを密輸入して（社内の反対を押し切って強引に開発させ）、そこから何かが生まれてくるのを待っていた。

シンプルストレージとエラスティック・コンピュートのサービス参入の後に、AWSの新しい事業責任者が選ばれた。２０２４年時点ではアマゾンのCEOとしてベゾスの後継者となっているアンディ・ジャシーである。彼が、AWSの戦略構想を初めて体系的につくった。いわば、ベゾスの密輸入の成果を、大きなクラウドサービスへのオーバーエクステンション構想に仕立て上げたのである。

現場発の密輸入——セーレン

以上が経営発のオーバーエクステンションの密輸入の例だ。もう一つの密輸入、現場発のオーバーエクステンションの密輸入とは、現場の事業責任者が自分たちの担当分野の中で、組織全体としての承認プロセスを「かなり」欠いたまま（かなりについては後に説明）、意図的にオーバーエクステンションに乗り出してしまうというものである。

この場合、本社あるいは経営上層部のほとんど、さらには組織全体にとって「隠された」部分が大きいという意味で、密輸入なのである。

「組織全体にとって隠された」といっても、隠される程度には差がある事例がさまざまにありそうである。中には、トップの一部には了解をとっているという「半公認」の密輸入もある。もちろん、そうした半公認すらない、本当に隠された密輸入というものもあり得る。技術導入を隠れみのとした新事業参入の例をすでに紹介したが、それが「本当に隠された」密輸入の例である。

現場発の密輸入としては「半公認」のものが多いだろうと思われる。将来は組織としての支持に持っていくつもりはあるものの、当面は組織の多くの支持が得られそうもなく、しかしトップの一応の了解だけは得た上で密輸入という形でオーバーエクステンションを始めてしまうのである。

その一つの典型的な例（他に二つの事例を続いて紹介する）が、自動車内装繊維材（たとえばカーシート）の大手で、さまざまな繊維製品を多角的に手がけるセーレンの会長である川田達男氏が、自動車内装材事業の現場責任者だった１９８０年代に行ったオーバーエクステンションである。

セーレンはもともと繊維製品の染色工程専門の企業だった。社内で傍流の立場にいた川田は、自動車のカーシートを合成繊維でつくるという新製品開発を成功させ（当時のカーシートの大半は塩化ビニール製であった）、大手自動車メーカーからの受注を勝ち取っていた。ただ、シートとして繊維から編む工程は外部へ委託し、染色と最終製品への仕上げを自社の中心業務としていた（以下の事例は『日経ビジネス』ホームページ、２０２１年8月13日の記事より）。

84年3月、アメリカ出張中の川田に興奮した部下から電話があった。発注者の自動車メーカーが発注量を3倍に増やしたい、4カ月後には納入してほしいというのである。当然にうれしい受注なのだが、問題があった。当時のセーレンはまだ染色専業で、生地を製造する機能を持っていなかった。したがって、増産するには外部の編立《あみたて》会社に設備を増強してもらうか、自分で編立工程を始めて編立・染色の一貫生産を始めるか、どちらかを選択する必要があった。すでにこの自動車メーカーから「原糸・編立・染色加工の一貫生産体制を実現してほしい」との要望を受けていたし、同業他社が自動車内装材に向けた投資計画を進めているという話も聞いていた。

このときの自分の決断を、川田はこう語っている。

千載一遇のチャンスと捉えるべきか、大きすぎるリスクなのか。ホテルの部屋で一晩悩みました。「生き残りをかけて生産体制を再構築すべきだ」。そう決心した私は部下に折り返し、「生地の生産から染色まで全部うちでやる。『分かりました』と返事をしてくれ」と伝えました

もちろん、まだ社内の承認など得ていない。すぐに日本に戻った川田は常務会に、ドイツ製の編み機を導入して編立・染色加工の一貫生産に乗り出す提案をした。しかし、常務

会では「技術的に難しい」「リスクが大きい」と否定的な意見ばかりだった。

それでも怯まない川田は、社長の黒川に何度も直談判して、とうとう社長の許可をとりつけた。常務会は否定的で、会社全体も大きなサポートをするという姿勢もまだなく、いわば半公認（社長の許可だけはある）のオーバーエクステンションに乗り出したのである。

突貫工事で社内の新田工場に編立工程の第七工場を完成させ、ドイツ製の編み機11台を購入。ドイツメーカーから技術指導を受ける、従業員を国内の編み物メーカーに派遣して研修を受けさせるなど懸命の努力を重ねて、無事、4カ月後の納入に間に合わせた。まさに、「実力不足を承知の上で新しい仕事に乗り出す」というオーバーエクステンションだったのである。

その後、事業として安定的な供給体制を築き、編立工程の同業他社との競争ができるようにその新工場を分社化してセーレンKPという新会社をつくり、川田が社長となった。

この新会社の事業計画では15億円の設備投資が必要となったが、セーレン本社は1億円しか出さず、残りの資金は新会社として調達するということになった。組織全体の支持のない「半公認の密輸入」だから、会社としての支援態勢はきわめて不十分なのである。

結局、川田自身が取引先を回り、資金調達を頼み込むことになった。それで、6億円の低利融資を受けることに成功した。その後は順調で、川田が事業責任者となっていた自動車内装事業は86年には染色加工部門を上回ってセーレン最大の事業になり、利益も出していった。つまり、編立工程に進出するというオーバーエクステンションの密輸入は大きく成功したのである。

しかしこの頃、繊維産業全体の衰退傾向の中で、会社は危機的状況にあった。黒川社長はまだ若くて47歳だった川田を、自動車内装材事業での成功という実績を認めて、自らの後継者に指名した。87年に川田が、傍流事業からの異例の抜擢で、セーレンの社長となった。

なぜ、オーバーエクステンションを密輸入する必要があるのだろうか。

基本的な理由は、すでに書いたように経営発であろうと現場発であろうと同じで、堂々とオーバーエクステンションを主張するには組織内の抵抗が強いからである。組織の納得を得るための努力を始める。しかし、オーバーエクステンションには早く乗り出す必要がある。そこで、当面は見切り発車でオーバーエクステンションの密輸入に踏み切るのである。

経営発の密輸入の場合には、組織内の抵抗感、無茶感にトップといえども配慮するのである。あるいは、現場がかえって萎縮する危険を感じての配慮ということもあるだろう。もしあえてそれらの配慮は最終的には必要なしとトップが考えれば、密輸入ではなしに、公然とオーバーエクステンションに踏み切るであろう。

現場発の密輸入の場合には、組織の納得を得るには時間がかかりすぎるが企業の将来のためには必要と現場の事業責任者が考えて、密輸入に踏み切る。セーレンの川田が、3倍増産の要請に対して、悩んだ末に本社に相談することなしに「4カ月後の納入を約束せよ」と営業担当者に指示しているのである。それは、川田の独断であった。

川田の予想通り、本社の役員たちは抵抗した。しかし、実際にオーバーエクステンションのための工場新設などを始めるためには、社長の了解だけはとっておかなければならない。役員たちの抵抗を乗り越えた密輸入だったが、「半公認」という形にはしなければならなかった。現場発の密輸入には、たんに現場の事業責任者の強い意志だけでなく、組織的に最初の戦略行動を邪魔しないという了解が必要であることがしばしばなのである。

半公認の密輸入――信越化学

前節でセーレンの事例を紹介したように、半公認の密輸入は、現場発のオーバーエクステンションの密輸入における典型的なパターンの一つである。半公認という意味は、詳細が本社で検討されて正式に認められたというのではなく、現場の事業責任者のオーバーエクステンションへの強い思いをトップが認め、一応の了解を与えるということである。組織としての完全な承認にはやや足りないという意味で、「半」公認である。

このタイプの密輸入は、戦後の日本企業の歴史の中で、さまざまな時期にかなり広く行われていたと思われる。セーレンの例は80年代だが、以下に追加的に紹介する信越化学工業とＪＳＲ（旧日本合成ゴム）の事例は、それぞれ70年代と90年代の半公認密輸入である（もちろん、セーレンの場合も同じだが、両社が自らの行動を密輸入といっているわけではない。伊丹の論理的推論である）。

信越化学の事例は、後に同社の社長・会長となって同社を優良企業に育て上げた金川千尋氏がまだ海外事業本部長だった頃の、塩化ビニール樹脂生産でのアメリカ進出である（以下の事例の叙述は、金川千尋『毎日が自分との戦い――私の実践経営論』の内容を主な資料としてまとめたものである）。

この樹脂の生産技術にすぐれていた信越化学は、世界各国の塩ビ企業から技術輸出の要請を受けることが多く、かなりの数の技術輸出をさまざまな国へ行っていた。海外事業本部の主な仕事は、技術輸出契約、それに伴う海外での技術指導、さらにはプラント輸出だったのである。

その信越化学に１９７２年、アメリカのロビンテックという塩ビパイプの大手メーカーから、塩ビ樹脂の技術輸出の話が舞い込んだ。ロビンテックは当時、飛ぶ鳥も落とすような勢いで成長していた企業だった。

しかし、技術輸出だけの海外活動に疑問を持ち始めていた金川は、合弁生産の話へと交渉を展開させ、最終的には１９７３年に同社と折半出資の合弁会社（シンテック）を設立し、テキサス州に新工場をつくることになった。金川自身が合弁会社の副社長として、アメリカでの事業経営に参加するという想定であった。

信越化学はすでにニカラグアで金川の主導のもと、小さな規模で海外での生産活動を行っていたが、アメリカという大市場への挑戦、さらに技術輸出ばかりだった信越化学が生産事業の経営そのものを担うという意味では、かなりのオーバーエクステンションといっていい。

金川自身にとっては「いい材料」が揃っていると思っていたからこその合弁設立の決断だったろう。たとえば、アメリカという国のカントリーリスクは小さい、ロビンテックという優良アメリカ企業との合弁で彼らの経営能力に期待できる、しかも同社は生産する樹脂の最大の需要家である、さらに出資金額は２５０万ドルで済む（当時の為替レートで約5億円）などである。

しかし、この決断は金川の独断であった。本社に正式に伺いを立て、本社での検討の結果として承認を得たものではなかった。金川自身が、「自分の独断で決めた。後で、副社長の小田切氏に事後承諾してもらった」と書いている（金川千尋『危機にこそ、経営者は戦わなければならない！』165ページ）。つまり、セーレンの川田の場合と同じように、自らの判断で挑戦を決意し、トップの了解を事後的に得たのである。オーバーエクステンションの半公認密輸入といえるだろう。

この合弁会社による生産は74年10月にテキサスで始まったが、生産規模は大きくなく、中小メーカーにすぎなかった。しかも、タイミングが悪かった。73年秋のオイルショックの後しばらくは高騰を続けた塩ビ価格が、74年半ばから急落を始めた。親会社ロビンテックの経営も急速に悪化した。

それで、75年になるとロビンテックがシンテックの株式持分50％を信越化学に買い取るように要請してきた。つまり、完全子会社化である。彼らは資金難に陥っていたのである。それもあって、買収金額については金川とロビンテックのCEOの間に大きな差があり、交渉は難航した。この交渉の間、信越化学本社の役員会では完全子会社化は危険すぎるという意見が大半だった。

しかし、金川は全額出資による完全子会社化を主張し、当時は社長になっていた小田切を説得できた。それで、76年に1000万ドルでの50％持分買い取りに成功した。為替換算すると約30億円で、当時の信越化学の年間利益の2・4倍にもなった。

もはやロビンテックからの経営支援もなく、大口顧客としての存続も危ぶまれる状況で、巨額の資金を投じてのシンテックの完全子会社化という、まさにオーバーエクステンションであった。この決断は決して密輸入ではなく、小田切が役員会を説得した上での大きな決断だった。金川のオーバーエクステンションというよりは、小田切・金川コンビのオーバーエクステンションというべきだろう。

完全子会社となったシンテックの経営を金川が担うことになった。それが成功し、その後シンテックは成長を続け、大きな設備投資も頻繁に行い、１９９０年にはアメリカ最大の塩ビメーカーとなった。同じ年に金川自身も信越化学の社長になり、シンテックでの積極投資をさらに続けていった。その結果、２０００年には世界最大の塩ビメーカーとなっている。そして、２０２４年現在も信越化学の利益を大きく支える優良海外子会社であり続けている。

こうしてシンテックのケースは、１９７３年の半公認のオーバーエクステンション密輸入（合弁設立）に始まり、その3年後の１９７６年には社長の決断としての（つまり公認の）オーバーエクステンション（完全子会社化）へと発展し、それが大きな成功を収めた例となっている。そして、セーレンの場合と同じように、オーバーエクステンションの密輸入を企画した事業責任者本人が、後にその後の業績を買われて本社の社長になっていったのである。

もう一つの半公認の密輸入――JSR

セーレン、信越化学のケースとよく似た半公認のオーバーエクステンションの密輸入から本格的なオーバーエクステンションへと発展し、最初の密輸入を企画した現場の事業責任者が後に本社の社長になるパターンが、半導体用のフォトレジストという化学製品の分野でJSRでも起きていた。

もともとは合成ゴムの国策会社だったJSRがそのすぐれた有機合成化学の技術を生かして半導体フォトレジスト事業に乗り出したのは、1970年代後半のことだった。この事業の日本の国内市場では出遅れていたJSRは、海外市場での共同研究開発や市場開拓にとくに熱心であった。

海外での大きな活動の最初の例は、ベルギーのルーバン大学の研究所(IMEC)でのDESIREと呼ばれた新型フォトレジストの共同研究開発プロジェクトで、1986年にベルギーの大手化学メーカーであるUCBとの共同開発として始まった。後にJSRのフォトレジスト事業の責任者となった小柴満信氏は、この共同研究に参加したメンバーの一人であった。

このプロジェクト自体は技術的には成功しなかったが、このプロジェクトをきっかけにＪＳＲはフォトレジスト技術についての蓄積を深め、また欧米の半導体企業や化学企業とのネットワーク形成の糸口を得た。そして、ＵＣＢとの合弁会社が１９９０年につくられた。この合弁企業の大きな市場ターゲットはアメリカで、シリコンバレーにこの合弁会社の子会社、USB-JSR Microelectronics が同じ年につくられた。

小柴はこの会社へ出向したが、ＪＳＲ側の実質的な責任者としてＪＳＲ本社の朝倉社長から、採用から組織運営まで（たとえば、現地スタッフの採用や製品評価のためのラボの設置など）大きな自由度を得ることに成功した。

１９９３年には、ベルギーでの合弁企業をＪＳＲは自社の完全子会社とした。それに伴ってシリコンバレーの子会社もＪＳＲの完全子会社（JSR Micro）となった。そこから、小柴を中心としてアメリカで開発マーケティングが活発化し、そこに国内の最精鋭の開発エンジニアも投入された。

この頃から積極的にアメリカでのトップセールスを始めた小柴だが、当時はＪＳＲのことを知るアメリカ企業も少なく、小柴自身が「訪問した先々で“JSR Who?”といった白々しい質問が浴びせられることも希ではなかった」と語っている（中馬宏之「テクノロジーとマーケットの複雑性に挑むＪＳＲ」16ページ）。

このアメリカ子会社の戦略的な開発マーケティング活動は、日本市場でも後発であり、世界市場でもあまり存在を知られていなかった当時のJSRにとっては実力を超えたオーバーエクステンションといっていいだろう。そして、アメリカ子会社が始めたさまざまな戦略的行動は、社長からの子会社運営の自由度を得た上でのものであったが、オーバーエクステンションの半公認密輸入といってもいいようなものであった。

ただ、この密輸入はかなり成功し、90年代末にはJSRはアメリカ市場向けに本格的な開発・量産体制と有力デバイスメーカーに対する拠点サービス体制が整った企業になっていた。この頃からJSRが得意とするフォトレジストの新分野に大きな需要が生まれ、それにすばやく対応できたJSRは世界市場シェアを大きく伸ばすことになる。つまり、密輸入されたオーバーエクステンションが成功したのである。

その後もフォトレジスト事業でJSRは果敢な挑戦を重ね、順調に成長していった。つまり、最初のオーバーエクステンションの密輸入が成功し、その後のさらに大きな挑戦（オーバーエクステンション）が可能になっていったのである。その中心人物になっていた小柴は、そうした業績もあって、2009年にJSR本体の社長に就任する。

セーレン、信越化学、JSRの三社のオーバーエクステンションの事例には、共通点が多い。いずれも、本社ではよくわからない部分の多い事業活動への現場主導の参入であり、その挑戦に対して社内は反対ないしは冷ややかな態度であった。その雰囲気の中で、三社の例ではすべて最初のオーバーエクステンション時には社長の「半公認」を得ていて、その半公認の密輸入がより大規模なオーバーエクステンションの序曲になっている。さらに、密輸入の責任者が最終的には本社の社長になっている。

こうした共通項は、現場発のオーバーエクステンションの密輸入から大きなオーバーエクステンションへの発展という経路が、企業成長の一つの大切なパターンであることを示唆している。

そして最初のオーバーエクステンションが現場発になるのにも、十分な理由がある。現場だけが戦略の成功に必要な情報を持っていることが多い、ということである。

本社では、危険に見えるオーバーエクステンションを真剣に考えるための情報があまりないのであろう。しかし、現場で事業の発展を真剣に考えている責任者にとっては、リスクをとってでも、さまざまな隘路をくぐり抜けてでも成長の戦略を考えたい。それで、オーバーエクステンションに思いが至ることが多いのである。

ただ、本社の大勢はそうしたリスクのある戦略に冷たいことが多い。だから、オーバーエクステンションの密輸入になる。しかし、たとえ密輸入しようとしても、本社でしかるべき人が助けの手を差し伸べなければ、そもそもオーバーエクステンションへの最初の行動を始められないことも多いだろう。それゆえに、最初は半公認の密輸入というスタートになることが多いのである。

密輸入の背後の「隠す手」——なぜ密輸入が可能になるのか

半公認の密輸入にしろ、隠れた密輸入にしろ、オーバーエクステンションが実際に開始されれば事業活動が行われることになるのだから、周囲は「実力を超えたような」活動が始まったと知るだろう。そのタイミングでその活動が大きな疑いや反発を引き起こしてしまえば、組織の協力は期待できず、始まったばかりの密輸入が頓挫することになりそうである。それは、密輸入そのものの失敗といっていいだろう。

逆に、そうした疑いや反発を大規模に引き起こすことがない場合には、密輸入は進行できるだろう。では、どのような状況があれば、その進行が可能になるのか。言い換えれば、どんな状況でオーバーエクステンションの密輸入が可能になるのか。

そうした実力以上と思われる活動が、「それでも一応は大丈夫」「失敗の危険はそこまで大きくない」と多くの人に受け止められるような「説得材料」がある状況だと思われる。そしてその説得材料としては、神の隠す手の機能（困難を人間の目から隠す、問題解決能力を人間の目から隠す）を考えると、次の二つのパターンがあると思われる。

・将来に発生する困難を隠す手が強化されるから、「大丈夫感」が増す。それで、密輸入が問題視されない
・将来での問題解決能力を隠している手が弱体化する（あるいは隠す手が引き出す手に転換する）から、問題解決能力への信頼感が増す。それで、密輸入が問題視されない

したがって、オーバーエクステンションの密輸入を企画する側の現場の人間としては、こうした二つのパターンの説得材料をなるべく多く準備するという行動が密輸入成功のために必要となるだろう。

じつは、「半公認」の密輸入の場合は、この二つのパターンがともに成立することが多いと思われる。

トップが半公認しているということは、トップ自身が困難はそれほど大きくないと思っていると組織の多くの人に思わせる「説得材料」になり得る。多くの人々にとっての「困難を隠す手」が強化されていることを意味する。

そして、オーバーエクステンションの現場の問題解決能力については、トップが半公認

しているのは現場の問題解決能力が案外大きいと判断しているのだろうと組織の多くの人々に思わせる材料になる。それで、問題解決能力への信頼が増すだろう。つまり、問題解決能力を組織の多くの人の目から隠している手が、ポテンシャルを引き出す手に転換していることになる。

半公認であれ、隠された密輸入であれ、「困難を隠す手の強化」と「問題解決能力を隠す手の弱体化（あるいは引き出す手への転換）」が起き得る説得材料としては、次のようなものがしばしば観察されるようである（ハーシュマンが神の隠す手の原理を書いている *Development Projects Observed* には、これらの材料のうちいくつかが詳説されている）。

まず、困難を隠す手の「強化」につながる説得材料には、二つの典型的なパターンがある。

一つは、すでに類似の成功例が多くあるという歴史的事実による説得材料である。たとえば、他産業あるいは他国ですでに類似のオーバーエクステンションが成功しているという歴史的事実を持ち出すのである。戦後の日本企業でしばしばあった例でいえば、「アメリカではそれが成功している」という説得材料である。つまり、過去の成功パターンの真似だから困難も事前に予想できる部分が大きいし、それを乗り越える作戦もまたアメリカ企業から学べるはずだ、だから実際には困難はそれほど大きくないという「真似だから大丈夫という論理」である。

もう一つの困難あるいはリスクを小さく見せる（つまり困難を隠す手を強化する）典型的な説得材料は、「投入費用やリスクに比べ、成功した場合の成果は非常に大きい」という、いわば「コストパフォーマンスの論理」である。

かりに失敗しても被害はそれほど大きくならない。それにしては、その挑戦に成功した場合のメリットは大きいというのである。だから、「困難をそれほど深刻に考えなくていい」という論理につながり、それで困難を隠す手が強化されることになる。

次に、困難が発生した場合の問題解決能力を隠す手が弱体化する、あるいは引き出す手への転換が起きるための、つまりそのポテンシャルの信頼度を大きくするような説得材料の典型的なものとして次の三つのパターンがあるだろう。

・オーバーエクステンションの現場責任者に過去の実績がある
・パートナーの能力を使える
・予想される困難への対応策が幅広く考えられている

第一の説得材料（過去の実績）は、問題解決能力への信頼度を高めるためにしばしば重要である。半公認の密輸入の事例としてあげたセーレン、信越化学、ＪＳＲの場合はいずれも、問題になっているオーバーエクステンションの密輸入（とその半公認）の責任者である川田、金川、小柴の三人は、それまでの組織活動の中でかなりの実績をあげていた。だから、「何か問題が起きても、彼ならなんとか解決してくれる」という信頼感がある程度あったと思われる。

第二の説得材料（パートナーの能力）は、合弁や共同開発での連携相手の能力がいざというときには使えるから、問題解決能力は高いという論理につながる。しかもパートナーが信頼のできる企業であればあるほど、説得力は増すであろう。信越化学の合弁相手のロビンテック、ＪＳＲの合弁相手のＵＣＢは、それぞれ現地あるいは海外での当時の有力企業であった。

ただし、この説得材料は事前には意味があっただろうが、実際に大きな困難が発生した事後に問題解決に力を発揮したのは日本側であり、とりわけ現場責任者の金川や小柴であったことが面白い。パートナーは、じつはあまり役に立たなかった。だからであろうか、両社の事例とも困難発生後に合弁を解消して完全子会社とした。つまり、パートナーという存在に頼らなくなっていったのである。

こうしたケースは、問題解決能力に「ふくらし粉をかける」作用（実態よりも大きく見せる作用）があった事例といえるかもしれない。それでも、密輸入の進行のためには意義のある説得材料ではある。

第三の説得材料（広く対応策が考えられている）も案外と「ふくらし粉」効果であることが多いかもしれない。実際に発生する困難は、その種類も程度も事前に考えられていたものとはかなり異なり、深刻なものであることも多いだろう。しかし、「過去の類似事例で発生した困難にはこれだけの対応策を用意しています」という説得材料は、それだけ問題解決能力を想像させるもので、オーバーエクステンションの密輸入に対する反対を鎮めるためにある程度の効果は持ちそうだ。

困難隠しの強化とポテンシャルへの信頼増強、これらのための説得材料は、オーバーエクステンションの密輸入を可能とする必須事項である可能性が高い。しかも、半公認の密輸入の場合といえども、「半公認」自体が持つインパクトに「上乗せ」する形で、この三つの説得材料が組織全体に対してあった方がいい。セーレン、信越化学、ＪＳＲのいずれの事例でも、これら三つの説得材料が上乗せされていたと思われる。

そうした説得材料は、そもそもトップがオーバーエクステンションの密輸入を半公認にしようと判断するための材料として意味を持つだろう。また組織の人々に半公認でも仕方がないかとある程度納得させる材料としても意義があるだろう。

こうして考えると、オーバーエクステンションの密輸入は、たんに「度胸」だけでこっそりと行えばいいのではなく、困難を隠す手の強化やポテンシャルを隠す手の弱体化（あるいはポテンシャルを引き出す手への転換）をきちんと考える必要があることがわかる。オーバーエクステンションを企画する人たちが「考え抜かれた密輸入」の計画を戦略として持つことが、オーバーエクステンションの密輸入の成功には重要なのである。

密輸入を「育てる」マネジメント

前節の議論は、現場発のオーバーエクステンションの密輸入を企画する人間の立場からすれば、どのように密輸入の成功確率を高めるかの戦略を考えることに等しい。この節では経営トップの立場に立って、現場発のオーバーエクステンションの密輸入がかなりの頻度で起こること、それが企業全体の成長のために大きな役割を果たすことを意識して、そうした密輸入を「育てる」マネジメントの大切さとその内容を考えてみよう。

すでに述べたが、なぜ現場がオーバーエクステンションを考えるのに有利な立場にいるかといえば、現場ゆえに事業の本質、自社の弱点がよく見えているからである。つまり、困難が見えると同時に、解決のポテンシャルもかなり見えている。言い換えれば、現場には、隠す手に目を隠されていない人が案外と多いことが十分にあり得るのである。

現場と比べれば、本社の方がやや形式的な、表面的な情報しか持っていないことが多いだろう。その上、財務チェックなどはより厳しい。オーバーエクステンションを考えるにはふさわしくない情報的環境に本社は置かれている、ということである。

現場の人々のすべての目が隠す手によって隠されているわけではない。一部には、現実を深く理解し、しかし企業の成長のためにはいかに困難であろうとやらなければならないことがあるという信念のある人もいる。彼らがオーバーエクステンションの密輸入を考え始めるのである。

しかし、そういう挑戦をしたがる人々がいるからといって、それに甘んじてトップとして放置しているだけでは、密輸入が適切に起きて大きな企業成長につながることにはならないだろう。そこでは、オーバーエクステンションの密輸入のマネジメント、それも育てるマネジメントをトップが考える必要がある。そのマネジメントは、次の三つの意味で「密輸入を育てる」マネジメントである。

・現場発のオーバーエクステンションの密輸入を奨励する
・その密輸入が生み出す芽を育てる
・現場発の密輸入を発想し実行する人材（密輸入人材と呼ぼう）を育む

まず、第一の密輸入のマネジメントである「奨励」のマネジメントから説明する。

それは、現場がオーバーエクステンションの密輸入を試みることを促すマネジメントである。もちろん、どんな密輸入でも勧めるというのはまずいだろうが、密輸入を奨励するマネジメントがないと現場は萎縮しがちになるのも、多くの企業の常だろう。

二つのタイプの密輸入奨励のマネジメントが指摘できる。一つは、半公認の密輸入を勧めるようなメッセージを陰に陽に出すトップの背中である。

いざオーバーエクステンションの提案が現場から出たとき、それを慎重に受け取った上で半公認はしてくれる、と現場の心ある人に思わせる背中である。そういう背中があれば、どんなタイプの密輸入が半公認として許されるかという感覚を現場が持てるようになるだろう。そうしたメッセージを背中で発信できるトップには、それだけの器量が要求されるのは当然である。

密輸入を奨励するマネジメントの第二のタイプは、隠れた密輸入を促すためのマネジメントで、密輸入しても正当であると現場が思えるような何か組織的な仕掛けを導入することである。隠れた密輸入だから、半公認のようにトップの目に触れることはない。しかし、それへの着手が正当化されるような仕組みを工夫するのである。

じつは、東芝の日本語ワープロ開発への森たちの着手は、オーバーエクステンションの一種の隠れた密輸入であった。それを東芝社内で正当化したのは、第2章で紹介した「アンダーザテーブル」という開発プロジェクト承認の慣行であった。正式に開発プロジェクトとして認められる前に、開発者の意思で自分がどうしてもやりたいプロジェクトをアンダーザテーブルとして申請できるのである。

アンダーザテーブルという言葉は、いずれオンザテーブルになる、つまり組織として正式に公認される前段階というニュアンスを持っている。大きな挑戦で成功のメリットが大きくコストは小さい、という説得論理を背後に持っているプロジェクトがアンダーザテーブルとして認められるのであろう。もちろん、アンダーザテーブルのまま消えていくプロジェクトもあるだろう。オーバーエクステンションが失敗に終わるものが多いことと同じである。

しかし、こうした仕掛けがあると、きびしく管理的にチェックされる状況と比べれば、オーバーエクステンションに現場が挑戦する確率は高くなるだろう。

ただ、多くの企業がこれに近い仕組みを「現場の積極性を奨励するために」導入するのだが、最終的に機能不全に陥ることが多いことは警告しておいた方がいいだろう。定着はかなりむつかしいのである。多くの組織の「管理志向」が、この種の仕組みを形骸化させるからである。

芽を育てる、密輸入人材を育む

オーバーエクステンションの密輸入の第二のマネジメントは、密輸入が生み出す芽を大きく育てるマネジメントである。

密輸入そのものの成功は、事業が大きく成長できるための芽を生み出すことになるだろう。しかし、その後が肝心で、その芽をさらに大きく育てることに成功しなければ、オーバーエクステンションを密輸入した意義は小さい。

たとえ密輸入されたオーバーエクステンションであっても、その最初のステップが成功して事業成長の芽が生まれた後は、オーバーエクステンション自体が組織内ではある意味で公然の事実となるだろう。隠された密輸入であれ、半公認の密輸入であれ、同じである。そこから大きく育てることができるかどうか。

芽を大きく育てるためにトップがしなければならないマネジメントの第一は、芽を大きく育てる仕事を誰に任せるかの判断である。多くの場合、密輸入をあえて断行した人物に芽を育てる役割を任せるのが自然であろう。そして第二に、オーバーエクステンションをトップが明確に認めることも、芽を育てるための協力を組織内から確保するのには重要であろう。セーレン、信越化学、ＪＳＲのいずれの例でも、そうなっている。

そして、芽を育てるためにやるべきマネジメントの第二は、第４章で説明したオーバーエクステンションのプロセスマネジメントをきちんと行うことであろう。助走のマネジメント、踏み切りのマネジメント、学習のマネジメント、やり切るためのマネジメントという四段階のプロセスマネジメントである。

ただ、密輸入の成功で成長の芽が生まれたということは、助走のマネジメントがすでに終わり、踏み切りのマネジメントも一歩を踏み出しているという状態になっていることを意味している。したがって、芽を大きく育てるためのマネジメントの中心は、学習のマネジメントとやり切るためのマネジメントになるであろう。

こうした芽を育てるマネジメントを密輸入を主導した人物に任せて、その後で事業が大きな成長に成功すると、その人物の組織内の評価は上がるだろう。だから、その人物をさらに大きな仕事、上の立場につけるような人事をすることが、トップの「芽を育てる」マネジメントの最終段階となることが多そうだ。実際に、セーレン、信越化学、ＪＳＲではそうなっている。

オーバーエクステンションの密輸入における第三のマネジメントは、現場発の密輸入を発想し実行する人材を育むためのマネジメントである。

そうした人材は、必ずしも輝かしい予想があったわけではないであろうに、夢を信じて、新しい挑戦をしようとする現場の事業責任者である。川田、金川、小柴がその典型例である。

彼らのような人材がうまく現場から育つように配慮するマネジメントの要点として、二つのポイントがあるだろう。一つは、現場発のオーバーエクステンションを考える人間を多くすること。もう一つは、オーバーエクステンションを彼らが考え出した後、彼らを邪魔者にしないで、温かい目で見ることである。

第一のポイント、オーバーエクステンションを考える人間を多くするための施策としては、たとえば密輸入の奨励のマネジメントをきちんと行うことがそれに貢献するだろう。「奨励」に応えて、オーバーエクステンションを考える人間が多くなるのである。

もう一つの施策としては、現場に権限を大きく委譲することである。その権限の大きさが、ついオーバーエクステンションを考えたくなる人が増えるという組織のあり方に変えていくのである。

密輸入人材を育むための第二のポイント（温かい目で見る）のための具体的な施策の例としては、傍流の目立つ人間を大切にする、ということがあげられるだろう。セーレンの川田も信越化学の金川も、彼らが行ったオーバーエクステンション以前には傍流の人間だった。しかし、そこでキラリと光るものを持っていた。それにトップがきちんと目をつけていたのである。

温かい目で見ることにつながる具体的な施策のもう一つの例は、出る杭を引き上げることである。傍流でも主流でも、組織の中で出る杭は打たれるか、引き抜かれてしまいがちである。それではだめで、オーバーエクステンションを考えることは、「出る杭」の典型なのである。そうした出る杭にあえて大きな仕事を任せるようにするというのが、「出る杭を引き上げる」ことのいい例である。

こうした施策の具体例のいずれの背後にも、トップの現場発オーバーエクステンションを認める眼差しが大切であろう。セーレンの黒川、信越化学の小田切、JSRの朝倉、いずれもそうした眼差しを持っていた。その眼差しに、川田、金川、小柴が応えたのである。オーバーエクステンションの密輸入を始めても、半公認されると彼らは思えたのだと考えていいだろう。

第7章

無理と無茶の境界線

経営は
無理をせよ、
無茶はするな

無理と無茶の区別は、すべて結果論？

オーバーエクステンションという、無理を承知の戦略の内容と重要性、その実行の際のポイントを、前章までさまざまに考えてきた。「オーバーエクステンションの密輸入」すら真剣に考慮すべき、とまで私は書いた。

それだけ、オーバーエクステンションが企業成長の原動力として大きな意義を持つと考えているからである。安全第一の、リスクを避け、自分の実力の範囲内に戦略をきびしく収めようとする経営からは、企業全体の能力基盤の大きな拡大も、成長へのエネルギーも生まれにくいのである。

しかし、経営戦略についての私の主著『経営戦略の論理』の第2版以降、オーバーエクステンションの大切さを40年近くもビジネスパーソンに語り続けていると、ときには面白く、ユニークなリアクションに出会うこともあった。

たとえば、この本の序章で紹介したように、「無理をせよ、無茶はするな」という言葉を教えてくれた人もいた。自分の会社では真剣に語られている言葉で、先生の言いたいことも結局はそれに近いのでは、というコメントであった。なるほどと思ったものである。

しかし、批判的なリアクションももちろんあった。ある講演で私のオーバーエクステンションの論理を聞いた聴衆の一人から、質疑応答の際にこんな質問があった。

「オーバーエクステンションの話はわかりにくい。どうも無理と無茶がこんがらがっている。何が無理で、何が無茶なのか。無理と無茶の違いは？」

正当な質問である。しかも聞いた本人は、私が答える前に私への批判も込めた自分なりの答えを用意していた。

「成功した無茶を、無理という。失敗した無理を、無茶という」

つまり、すべて結果論だと彼は言いたいのだった。

私はそうは思わない。無理と無茶の間に、境界線はある。はっきりと明確な線が一本だけ引けるかどうかはわからないが、幅としての境界線ならば、それはある。それも、戦略的挑戦を囲むさまざまな要因（たとえば市場の動向、自社の能力基盤など）を考えた上で、事前に考えるべき境界線である。

無茶になってしまう戦略は、その境界線を事前の構想の段階で「失敗」の可能性が高い方向へと越えてしまっている。苦労するが結局は成功する戦略的挑戦は、この境界線を越えずに、「無理」の側に収まるように踏みとどまっている。

もちろんその無理も、保守的な思考しかできない人からすれば「無茶に見える」のかもしれない。だが、きちんとした戦略的思考ができる人が「安全ではないが、無茶でもない」と捉える無理、それがあり得るのである。

そうした無理と無茶の境界線について、この本を終える前にきちんと考えておく必要があるだろう。オーバーエクステンションの連続を続けて大きな成長を遂げたユニクロの無理と無茶の例をイメージの出発点にして、考えてみよう。ユニクロは、無理なオーバーエクステンションで成長してきた企業だと私は思うが、ときに無茶もやってしまっているのである。もちろん、無茶の数が少ないからこそ、長期にわたる大きな成長が可能だった。

ユニクロに見る、無理と無茶

ユニクロというブランドで知られるファーストリテイリングは、柳井正氏が一代で築いてきた日本を代表するアパレル販売のグローバル企業である。2023年度の売上高は2兆7666億円、営業利益が3811億円という堂々たる優良企業である。そして、2023年度の海外ユニクロ事業の売上（約1兆4371億円）は国内ユニクロ事業（約89

00億円）よりも5割ほど大きくなっている。

山口県宇部市に生まれたこの会社は、カジュアルファッションの小さな地方チェーンから現在のグローバルで巨大な存在にまで、50年あまりの間に急速に成長してきた。その歴史は、いくつものオーバーエクステンションの成功の歴史であった。

たとえば、1991年から計画した郊外型チェーン全国展開のオーバーエクステンション。そして、80年代末から徐々に始めて90年代に完成形となったSPA（Speciality store retailer of Private label Apparel）という「製造小売り」業態へのオーバーエクステンション。アパレルメーカーがつくった商品を仕入れて売るのではなく、自社で製品の企画から製造・販売までを一貫して行うのである（ただし、生産そのものは委託生産）。

さらには、98年のユニクロ原宿店の伝説的な大成功が象徴する都心型全国チェーンへのオーバーエクステンション、あるいは2010年前後から一気に加速した中国や欧米へのグローバル展開というオーバーエクステンション。

こうした発展の歴史のほとんどが、オーバーエクステンションの連続なのである。その当時の自分の実力からすれば不足面も多いことを承知の上で、あえて大きな発展にかける事業展開の連続だった。

しかし、無理を超えて無茶をやってしまったことも時々はあったようだ。そしてその無茶の失敗から学んだ教訓を生かして、次の展開へのジャンプ台にしてきたからこそ、現在のユニクロがある。

この節では、その歴史の中から、ユニクロの原型をつくったと思われる90年代の全国チェーン展開とSPAへのオーバーエクステンションの成功（つまり無理の成功）と２００0年代前半のグローバル展開へのオーバーエクステンションの失敗（つまり無茶の失敗）をふり返ることによって、無理と無茶の違いを考えてみよう。

柳井は、チェーンの全国展開をして規模拡大を目指さなければ自社の将来はないと考え、社員たちに全国展開計画を91年9月に発表した。そして、社名を小郡商事からファーストリテイリングへと変え、94年には株式公開を目指すことを宣言したのである。

その当時のユニクロの総店舗数は29店舗。宇部から離れて広島に最初の店舗をつくった84年6月から数えると7年かかっている。それを、毎年30店舗増やしていくという。社員たちは驚いた。絶対無理とも思っただろう。まさしくオーバーエクステンションである。

しかし、綿密な計画を柳井自身は練っていた。柳井の経営信条の一つは、大きな目標を立て、その達成のための綿密な計画をつくることである。ただし、そうした計画をつくったものの、社員ばかりか柳井自身も大きな不安を感じていた、と正直にこう書いている。

人もいない、物もない、カネもない状態で借金に頼って三年計画を作り、実行し始めてから自信満々だったかと言えば、しばらくの間は不安でたまらなかった（柳井正『一勝九敗』67ページ）

この郊外型店舗の全国展開と、87年頃から模索を始めて90年代に着実に進めていた小売業からSPAへの転換は、戦略的にワンセットのものだった。

魅力的な自社企画商品をつくり、かつそれを全量買い切りで仕入れ、全量売り切るためには、それだけの店舗数がなければならない。それだけの販売規模がなければ、自社企画製品の大量買い付けでコストダウンを図る（それで低価格販売をする）のもむつかしいし、ヒットばかりではない企画製品の売り切りには値下げをしてでも売り切るだけの能力が必要だからである。さらに、販売結果を次の商品企画に即座にフィードバックして、必要と思えばスピーディな商品化ができる。

当時の日本のアパレル流通において、小売りの仕入れは買い切りではないのが常識だった。仕入れても売れなければ返品可能だった。だから、当然に仕入れ価格は高くなる。メーカーや卸が返品リスクを計算に入れるからである。また、メーカーに小売りが考える企画通りの商品化をさせるのもむつかしい。ユニクロはその常識に挑戦すべくSPAへの転換（つまり自社企画と買い切り仕入れ）を図った。

それだけに、その転換は段階を追って進められた。87年に香港でジョルダーノという会社の自社企画・生産の質が高くかつ価格が低いポロシャツを見て、柳井はその会社の経営者と会い、自分も同じようなことを試みようと決心し、かつ香港での生産委託先などを紹介された。

その後、徐々に自社企画商品を増やしていったが、初期の段階では国内のアパレルメーカーへの生産委託が中心だった。それを次第に、ユニクロ自らが中国の工場へ発注する方式に切り換え、中国からの輸入手続きや物流業務にだけ大手商社を起用する方法に変えていった。

さらに、日本から中国の委託先工場へ生産管理者を派遣したり工場の生産指導チームを派遣したりする試みを強化していく。そうした積み重ねの結果、95年には販売する製品はすべて自社企画・生産委託製品という、完全なＳＰＡへと転換できたのである。

一方、国内の店舗網の拡大も軌道に乗っていった。最初は地域的拡大（関西から首都圏などへ）、次には店舗のタイプの拡大（たとえば郊外のロードサイド型店舗から街の中心立地の店舗へ）をして、店舗数も増えていった。その増えた店舗数の持つ販売能力が、ＳＰＡを経済的に成立させる基礎条件だったのである。

こうした努力の一つの到達点が、98年のユニクロ原宿店の出店大成功だった。それまでは首都圏でも郊外型立地中心だったものが、明確に都心型立地、それもファッション流行の中心地・原宿を狙ったのである。

この店舗の成功は、フリースを1900円で売るという大胆な商品開発（SPAだから可能になった）によっても支えられていた。その結果、ユニクロを2000年まで大きく成長させたフリースという超大型商品の全国展開がもたらされたのである。

この2000年に、柳井は大きく成長したユニクロを背景に、いくつかの大胆な施策に打って出た。その一つが、海外進出の宣言である。突然の宣言で多くの社員たちが驚いたという。

そして、2001年には早くもロンドンへ出店し、その後の3年間でイギリス国内で50店舗出店という目標をぶち上げた。さらに、2002年には中国・上海へ2店舗の出店をした。同じ頃、アパレル販売とはまったく関係がないように見える、生鮮農産物の栽培と販売の事業にも鳴り物入りで挑戦した（2002年）。

これら2001年から2002年にかけての三つの大きな試みは、すべて失敗に終わった。農産物事業は進出の翌年に30億円の損失を出して撤退。イギリスでの店舗展開は、イギリスのアパレル業界からの人材登用で「ドリームチーム」をつくったといわれていたが、日本のユニクロ店舗のような展開を彼らはとてもできず、2002年には21店舗まで増えるには増えたが、赤字続き。この年、ロンドンの5店舗のみへと縮小を決めた。それまで多少の失敗はありながらも大きな成長をしてきたユニクロにとって、最初の大きな挫折であった。

ロンドンでの挫折を見ながら進出した上海では、店舗数の拡大こそ目指さなかったが売れ行きは不振だった。中国の消費者に合わせようと、低価格で低品質の商品へと重心を移してしまったのが、「日本のチェーンの中国展開」としては市場への魅力を欠くものにしてしまった。

何が無茶だったのか

こうした三つの失敗の連続は、無理を超えた無茶の例といっていいだろう。とくに海外進出の失敗を、柳井自身がこう反省している。

自分自身がバブル状態になっていたのではないかと思う。国内での大成功を受け、あまりにも安易に海外進出を考えていて、日本で成功したことをそのまま形だけ持って行こうとした（柳井前掲書、200ページ）

おそらく、農業事業への進出も同じような安易な考え方ゆえの失敗だったのであろう。しかし柳井は失敗そのものを悔いているばかりではない。むしろ、失敗は大きな目標を立てて挑戦するときには必然的に起きるもの。原宿店の成功の前にも多くの失敗をした、そこから何を学ぶかが大切だ、と次のように言う。

新しい事業は、そもそも失敗することが多いのである。……事業計画をきちっと作っても、ほとんどその通りには進まないことが多い。しかしその失敗を生かすも殺すも経営姿勢である。……失敗には次につながる成功の芽が潜んでいるものだ。したがって、実行しながら考えて、修正していけばよい。……失敗の経験は身につく学習効果として財産になる（柳井前掲書、83ページ）

まさにその通りだろう。しかし、「バブル状態」という先の引用が意味するのは、「それにしても2001年から2002年頃の大胆な挑戦は安易すぎた」という柳井の正直な気持ちであろう。大きな成功がもたらす慢心といえようか。それを正直に語るところに、柳井の大きさがあるのだろう。

柳井がどのような学習を三つの無茶の後にしたのか、よくはわからない。だが、2000年代後半からふたたび海外進出に乗り出して、紆余曲折はあるものの2010年代には成功しているのである。しかし、1990年代の全国展開とSPAへの転換における「段階を追った無理の連続」と比べると、2000年頃の二つの海外進出はいくつもの点で安易さが見える無茶であった。

戦略的挑戦の「発想」段階と「計画」段階に分けて、二つの海外進出にはどこに安易さがあったか、全国展開とSPA転換にはその安易さがなかったかを考えてみよう。

まず発想の段階では、その発想をうまく実現できるとどのような論理で需要獲得が大きく見込めるか、という論理の確からしさが重要だと思われる。つまり、市場への魅力がその挑戦の発想からかなり自然に想像できるか、ということである。

全国に店舗を展開すれば幅広い市場にアクセスできるわけで、ユニクロのそれまでの市場への魅力を日本の他の土地でもかなり生かすことができるから、大きな需要獲得につながりそうである。SPA転換に成功すれば高品質・低価格の商品提供が可能になるわけで、それはユニクロの市場への魅力をさらに大きくして、大きな需要獲得につながると見通せるだろう。

しかし、ロンドンや上海に店舗を構えても、日本では意味を持った市場への魅力がかなり事情の違う海外市場でそのまま発揮できるかどうかは不明確である。そこでは、発想段階で需要獲得への追加的決め手（日本で成功してきたということにさらにプラスアルファする魅力）を考える必要がある。そうした「需要獲得への追加的決め手」を進出前にしっかりと考えていなかった、という意味で安易なのである。平たく言えば、なぜロンドンや上海の消費者はユニクロ製品を買いにユニクロの店舗に来てくれるのかという理由を、自分たちなりにきちんと用意していなかったのである。

もちろん、自分たちが考える論理通りにならない可能性も十分あることは承知の上で、せめて成功の論理を一つは持ちたい。それを一つも持てないのは無茶に至る道ということである。

次に、発想として海外進出を思い描いたとして、計画づくりの段階では進出を成功させるための自社の能力基盤をどう築くかがきわめて重要である。かりに「需要獲得への追加的決め手」は何かを自分たちなりにきちんと考えたとしても、その決め手をロンドンや上海の店舗で実際に提供できる能力基盤が用意できなければ、顧客は店舗を訪れてくれないだろう。これはユニクロだけでなく、どの企業の戦略的打ち手にもいえることだ。

顧客への訴求力（魅力）提供のコンセプトをつくれても、それを具現化する能力基盤を用意できなければ、「訴求力という絵に描いた餅」で終わってしまうのである。

その能力基盤をつくる計画がきちんとあっての海外進出だったかどうか。ロンドンではユニクロのオペレーションを理解できるかわからない現地人スタッフのチームをつくって、彼らに現実の能力基盤形成計画を立ててもらうということになっている。英語をしゃべれる社員が少なかった当時のユニクロでは仕方のない「郷に入れば郷に従え」という選択だったのだろうが、それでは能力基盤形成には本社からのよほどの支援が必要だと考えるべきだろう。しかし、それは十分ではなかった。

ロンドンの現地人社員たちが、事あるごとに「日本とは事情が違う」と言ってユニクロ流の店舗整備の細かな配慮を否定したという。その点を、日本からマネジメント代表格としてロンドンに送り込まれた玉塚元一（このとき、日本ＩＢＭから転職してまだ3年。後にロンドンから呼び戻されて本社社長に抜擢されるが、3年後に更迭される）が、「仏作って魂込めず」になっていたと述懐している（杉本貴司『ユニクロ』２７８ページ）。

その点、ＳＰＡ転換のプロセスでユニクロがきちんと段階を追って進めていき、ＳＰＡとして機能できるための能力整備を着実にやっていったのと比べれば、やはり安易だった。

そうなってしまった一つの大きな直接的な原因は、3年で50店舗という大きな目標を初めての海外進出にもかかわらず柳井自身がぶち上げ、その目標がひとり歩きしてしまったことである。能力基盤整備などは後回しで、店舗の数をとにかく増やすことに現場が走ってしまった。柳井自身がこう反省している。

まずは一店舗から儲けを出すことから始めて、儲かる仕組みを徐々に拡大していくことが大事だったのだ。三年で五〇店舗展開すれば、そこで儲けが出るような錯覚におちいっていたのかもしれない。……何もかも安易だった（柳井前掲書、206ページ）

柳井の言う「儲かる仕組み」の中心的課題が、私がここで言っている「能力基盤整備」である。商品選択の能力、発注の能力、店舗での展示の仕方の能力、さまざまな能力基盤整備に支えられて、儲かる仕組みができ上がっている。それを海外で整備するにはもちろん時間がかかる。それを安易に考えてしまったのである。

柳井自身が先の引用の前後でロンドン失敗の経緯を4ページにわたってくわしく書いているが、そこには商品選択の失敗の「傑作例」（と柳井が書いている）として、日本の夏のようには湿気がないロンドンで、日本の商品選択をそのまま持っていってドライのポロシャツを売ろうとして失敗したことを挙げている。こうして失敗を社長自身が書くこと自体はユニクロ流の「失敗からの学習」の証拠でもあるが、事例の事実は現場の思考の安易さの例であろう。

成功の論理の境界線——無理無茶マトリックス

前節のユニクロの無理と無茶の事例の説明においては、発想の段階では市場への魅力、計画の段階では能力基盤の整備、この二つをそれぞれ中心に説明した。もちろん、発想の段階でも能力基盤整備の発想がある方がいいだろうし、計画の段階では市場への魅力をきちんと発揮するための計画づくりが加わった方がさらにいいだろう。ただ、発想の段階では市場への魅力に、計画の段階では能力基盤整備にそれぞれ重点があるということである。

つまり、戦略的挑戦（オーバーエクステンション）の発想と計画づくりの両方の段階で、市場への魅力と能力基盤をどうつくれるかをきちんと考えることが、無理と無茶を分ける境界線だということである。それは、いわば「成功の論理の境界線」である。

その事前の思考の論理が全体として安易ならば失敗する。つまり、無茶になる。しかし、現状の能力基盤がかりに不十分でも、市場への魅力をきちんと確保できそうな発想を持ち、あえてその能力基盤不足を承知の上で能力整備計画をきちんとつくって実行できれば、オーバーエクステンションは成功する。無理の範囲にとどまるのである。

発想と計画、市場への魅力と能力基盤という二つの軸を使ったマトリックスで、オーバ

図表7―1　無理：オーバーエクステンションの成功

	市場への魅力	能力基盤
発想	◎	△
計画	○	◎

ーエクステンションでの無理と無茶の境界線を考えてみよう。それが、無理無茶マトリックスである。

まず、無理でとどまり、オーバーエクステンションとして成功する典型的なパターンは、図表7－1のようなマトリックスが書ける場合であろう。

この図表で、◎は深く準備できていることを、○はある程度きちんと準備されていることを、△は準備の程度が浅いことをそれぞれ意味している。準備の程度がかなり悪い場合は、×で表現することになる。つまり、準備の程度の四段階評価である。

オーバーエクステンションの特徴は、図表7－1の「発想段階での能力基盤」の欄が△になっていることである。挑戦にとりかかる発想の段階ではまだ能力基盤の準備が浅いことをきちんと認識しているのである。

実力不足であることを承知の上で、しかし市場への魅力についてはきちんと発想を練って（だから◎）、かつ計画段階ではその魅力を実現できるような能力基盤強化の計画を深く持ち（だからここも◎）、あえて挑戦するのがオーバーエクステンション、つまり無理なのである。

この本でくわしく紹介したオーバーエクステンションの成功例（ヤマト運輸、アマゾン、日本語ワープロ、プリウス）でも、あるいはユニクロの全国展開とＳＰＡへの転換の事例でも、図表７－１が成立していると考えられる。

ヤマトの宅急便の事例では、個人の荷物の集配送という発想自体は、もしそれが経済効率の範囲内で実現できるような能力基盤をつくれれば、市場への魅力が大きいことは多くの人がすぐに納得する。ただ、その能力基盤を採算がとれるようにつくれるかという点で、業界の常識的な答えはノーだったのである。

小倉自身も、その能力基盤が発想の段階で十分にあるとは思っていなかった。整備計画を綿密につくれば、そして個人向け商品の魅力を市場に伝えられるような計画づくりができれば宅急便は成功する、と小倉は考え抜いたのである。

アマゾンでも日本語ワープロでもプリウスでも、発想の持つ市場への魅力の大きさは、多くの人がすぐに理解した。問題は、それを実行できる能力基盤が当初は弱かったということである。アマゾンは多くのオーバーエクステンションが重なっているので説明は省くが、日本語ワープロの例では、かな漢字変換は学界では不可能問題といわれていて、森たちのチームがとくにすぐれた能力基盤を持っていたわけではなかった。プリウスのケース

図表7—2　無茶：オーバーエクステンションの失敗

	市場への魅力	能力基盤
発想	△	×
計画	△	△

では、ハイブリッドというパワートレインをすぐに市販の乗用車に積める実力はトヨタにはまだないと多くの技術者が考えていた。

しかし、いずれの事例でも、計画段階では市場への魅力をきちんと実現するためのアピール計画がつくられ（○）、そして何よりも能力基盤の整備のための戦略が現場学習を中心にきちんとつくられていて（◎）、実際にそれが実行された。だから、これらのオーバーエクステンションが成功したのである。無理ではあったが、無茶にはならなかった。

では、無茶の典型的なパターンではこのマトリックスはどのようになってしまうのか。それが、図表7－2である。

ユニクロの2000年頃の海外進出をイメージしてもらえばいい。発想段階で、市場への魅力の準備があやふやであった。とにかく海外進出ありきで、ロンドンや上海の市場へ魅力を提供できる店づくりができるか、それほど深く考えられていなかった。もちろん、能力基盤への発想は、かなり浅かったというべきであろう。だから、この欄が×になる。

計画段階でも、市場への魅力をアピールする計画が深まらない（△）。そもそも発想があやふやなので、アピール計画をきちんと準備することがむつかしいのである。また、能力基盤の準備があまりないところでの基盤整備計画だから、きちんとした計画の準備には大きな困難が出る（△）。

ユニクロの失敗例だけでなく、私自身が観察したさまざまな無茶の例が、このマトリックスにぴったり合う。何かへの挑戦にあせり（流行に乗り遅れる?）、あるいはその直前の大きな成功に慢心して、安易な発想と詰めの甘い計画で挑戦的な戦略に乗り出してしまう例は、じつは驚くほど多いのである。

それらの失敗に共通する特徴の一つは、その挑戦が必要とする能力基盤への発想がきわめて浅いことである。なぜか、自社ができると思ってしまう。とくに多角化とか海外進出とか、自分たちがこれまで慎重にビジネスを行ってきた枠から飛び出すような挑戦では、じつに荒っぽい思考がまかり通ることが多いのである。

さて、図表7－1と図表7－2は、無理と無茶の典型例のそれぞれのマトリックスパターンである。無理と無茶の境界線はこの二つの図の間に横たわっている。

たとえば、市場での魅力についての発想が秀逸ではないがある程度しっかりしている（◎ではないが、○程度にはいい）場合を考えてみよう。このとき図表7－1ほどには成

図表７―３　無茶にはならない

	市場への魅力	能力基盤
発想	○	△
計画	△	◎

功の論理はつくりにくいが、次の図表７‐３のような状況であれば成功の論理が成立することは十分あり得る。よって無茶にはならないであろう。

市場への魅力を計画段階でさらに訴求力をもつものに磨きあげる計画が準備されれば（つまり○）、市場での魅力については成功につながる可能性が高くなる。ただし、能力基盤の整備の計画については、図表７‐１と同じように優れた計画がつくられ、かつ実行される必要があるだろう（つまり◎）。それは、発想段階で能力基盤に弱いところがあることを認識しているので（だから、△でオーバーエクステンションという）、その部分をきちんと補う計画がなければ、結局能力不足で終わって成功には到達しそうにないのである。

しかし、図表７‐３が無理のぎりぎりであろう。この図表の四つの欄の評価が一つでも下がってしまうと（たとえば市場への魅力アピールの計画が十分につくられずに、○から△へランクダウン）、失敗の確率、つまり無茶になる確率はかなり高くなるであろう。それでは無理と無茶の境界線を無茶の領域へと越えてしまう、といわざるを得ないだろう。

もう一つの境界線――現場の心理が耐えられるか

前節では、発想や計画の段階での思考の練度や徹底を主な目安として、無理と無茶の境界線を考えてきた。いわば思考の「論理の境界線」であった。しかし、それだけでなく、もう一つの境界線がある。それは、現場の心理がオーバーエクステンションの苦闘に耐えられるかという「心理の境界線」である。

オーバーエクステンションはそもそも、当初は実力不足を承知の上で乗り出す挑戦である。その挑戦の決断をするのは経営者でも、実力不足の中での実行がもたらす苦闘を実際に担うのは現場の人々である。彼らが心理的に、とくに初期に想定されるさまざまな苦労に耐えられなければ、現場は崩壊するだろう。それでは、オーバーエクステンションの戦略がいかに発想や計画ですぐれていても、実行が思うようには進まないことになり、絵に描いた餅になってしまう。

現場が心理的に苦闘に耐えられるための条件として、一般的に次の三つの条件が指摘できる。すべてが必要とは限らないが、なるべく多くの条件が揃った方が、心理の境界線が無茶の方へと越えることを防げるだろう。

・現場が、先の望みの明るさを感じられる
・現場が、目指す目標達成に使命感を持てる
・現場が、自分たちの苦労をトップはわかってくれていると感じられる

先の望みへの明るさを現場がオーバーエクステンションの苦闘の最中に感じられるような状況であれば、現場は耐えられる可能性が高くなる。そして、そうした状況をつくり出すために貢献できる経営側の行動として、少なくとも二つのタイプの行動があり得る。

一つは、将来へのビジョンの提示である。何のためにこのオーバーエクステンションの苦闘があるのか、それがどんな将来を目指したものなのかを現場が共感できる形で提示できれば、苦しさに耐える力も湧くであろう。現場の共感に訴えるということである。

もう一つの要因は、先の先の展開の論理の説明である。オーバーエクステンションをすると、どんなことが起きるか。その先はさらにどう展開するか。その論理が説得的に提示されれば、「今の苦しさに耐えればその先は明るい」と現場が思えるだろう。いわば、先の先の展開の論理が現場の心理を楽にするのである。

たとえば、アマゾンでの「市場業」(サードパーティのアマゾン出店を受け付ける)へ

の進出というオーバーエクステンションを見てみよう。ベゾスが提示した先の先の展開の論理は、次のようなものだった。

サードパーティの出品は、アマゾンサイトの市場への魅力を増して、アマゾンへアクセスしようとするオンライン顧客の数を増やす。そして、アマゾンサイトへのアクセスが増えれば、その人たちがサードパーティだけでなくアマゾンの小売部門の商品へとアクセスする可能性も大きくなる。結果として、アマゾン自身の小売業もまたメリットを得る可能性が高い。

人々が仕事の苦労を耐えられる場合としては、オーバーエクステンションのケースでなくとも、使命感がそのベースにあることがしばしばである。そうした使命感をオーバーエクステンションが目指す目標の達成に感じられるのなら、現場は奮い立つであろう。それが、オーバーエクステンションが心理の境界線を越えずに済む第二の条件である。

とくに大きな社会的意義のある目標がオーバーエクステンションの成功によって達成されるならば、使命感につながりやすいであろう。そのいい例が、プリウスの現場である。燃費効率を倍にして地球環境へ貢献するという大きな目標は、使命感を感じるものだったと思われる。あるいは世界初のハイブリッド乗用車の市販というできごと自体、自動車産業に携わる人間としての使命感につながる可能性がある。

日本語ワープロにおける情報機器への日本語入力手段の開発、宅急便における個人の荷物の翌日配達などは、それによってどれだけの人々の生活が大きく変わり得るかを考えると、現場で使命感を感じる人は多かったと思われる。

オーバーエクステンションの苦闘に現場が耐えられるための心理的条件の第三は、現場の苦労をきちんと見ている上からの温かい目である。「仕事だから苦労しても当然」と考えてしまうトップ（あるいはリーダー）との違いを考えれば、その温かい目が現場に与えるプラスの心理的影響は自明であろう。

小倉が、宅急便が採算に乗るまでの3年の間、現場の人々の心理に配慮する細かな行動をとっていたことは、第1章で紹介した通りである。北海道の営業所長のエピソードなどは、その典型例である。

こうして心理の境界線を強調すると、カネの境界線も気にしなくていいのかという意見が出てくるかもしれない。もちろん、オーバーエクステンションの失敗が組織そのものの存続に赤信号を灯すような大きな赤字をもたらす危険が大きいのなら、それは無茶の側へとカネの境界線が越えてしまうケースである。

したがって、赤字が巨大になっても組織が存続可能かということの確認なしにオーバーエクステンションに挑戦することは無謀だし、またそんな無謀であれば苦境を現実に経験する現場の人々の心理も持たないだろう。

そうしたカネの境界線はしかし、最後の最後の境界線である。だから、カネが続くのならすべてのオーバーエクステンションが無理の範疇に入るのかと問われるのなら、答えはノーである。たとえばユニクロのように、巨大な利益と内部留保を抱えるようになった後のロンドン進出は、企業全体の存続のカネの境界線を越えるものではなかったが、論理の境界線（無理無茶マトリックス）は越えるものだった。つまり、カネの境界線以前のところに無理と無茶を分ける境界線があるのが、経営の姿として当然なのである。

上にあげた三つの心理的条件に加えて、心理の境界線の無理の側に現場が踏みとどまるための組織的な基盤として、現場に権限委譲が大きくされていて現場が問題解決の方法を自分たちで探ることができるということがあるだろう。自分で具体的な努力の内容を決められる自由度を与えられて初めて、人はつらい努力もする気になるのである。自由もなしに、自分たちが納得できているかどうかとは関係なくただ上からの指示だけで「こんな努力をせよ」と言われても、ふつうの人はつらい努力をしないだろう。

知らず知らずに無茶になることを防ぐ

こうして議論してきた無理と無茶の境界線は、事前にくっきりと見えるわけではない。

だから、知らず知らずにその境界線を越えて、無茶になってしまうことが多いのがふつうであろう。無茶になることを知った上であえて無茶になることをしようとする経営者などいない。この章で紹介したユニクロの無茶も、柳井自身が「あまりにも安易だった」と事後的に認めてはいるが、しかし知らず知らずにそうなってしまっていたケースである。

そうした無意識の無茶を防ぐ「意識的努力」は重要である。そのためには、無意識の無茶がなぜ起きやすいかという一般的構造を理解しておく必要があるだろう。その一般的構造として、次の三つの誤りを指摘できる。

・発想のひとりよがり
・計画の詰めの甘さ
・現場の心理への配慮不足

つまり、無理と無茶の間の「論理の境界線」と「心理の境界線」を、ひとりよがりや甘さ、そして配慮不足で越えてしまうという基本要因（発想、計画、現場の心理）についての誤りである。

その誤りを避けるために注意すべき点はかなり多いであろうが、あえてそれぞれ二つずつに絞って解説しておこう。

まず、発想のひとりよがりを避けるために経営する側として持つように努力をすべきは、少なくとも次の二つの条件であろう。

・社会や組織を見る視座の高さや視野の広さ
・社会や組織の動きについての哲学

まず第一に、発想がひとりよがりになるということは自分の視座が低い、あるいは自分の視野が狭いということである。だから、自分のまわりしか見えないことになってしまう。その低さや狭さを避けたい。

そうした視座の高さや視野の広さがあったうえで、きちんと発想が展開できるための基礎を持ちたい。それが、社会や組織の動きについての哲学である。そうした哲学に裏打ちされてこそ、発想を的確に展開できる。その哲学は、自分で築くしかない。借り物ではだめであろう。

第二に、計画の詰めの甘さを避けるために重要となるのは、次の二つの条件であろう。

・楽観的な認識（環境と自分の能力基盤について）への警戒
・細かいことへの論理的なこだわり

計画の詰めの甘さは、二つの基礎原因で生まれがちである。一つは、環境や自分の能力基盤についての認識が楽観的にすぎる場合、その認識に導かれた計画の内容は甘くなるだろう。もう一つの要因は、計画の内部における整合性の甘さである。つまり、内部でつじつまの合っていない計画がつくられてしまうということである。それではいずれ破綻するだろう。破綻を防ぐためには、計画の細かな内容に論理的にこだわることが大切だろう。その細かなこだわりが、つじつまの合っていない部分を浮き彫りにするのである。

そして第三に、経営者ならばあるいはリーダーならば、現場の心理にきちんと配慮しなければ経営ができないことは当然にわかっているであろう。それでも実際に配慮不足になってしまう大きな理由は、それに気づく機会が少ないことであろう。したがって、配慮不足になっていることに気づく機会をあえて持つ努力が必要となる。

その努力として典型的にあげられるのは、次の二つの行動であろう。

・現場を自分の目で見る機会を多く持つ

・現場想像力を鍛える

現場の心理は、経営のトップにいるとわかりにくい。たんなる報告書では伝わりにくい。アンケート調査などにも限界がある。だから、直接の情報入手を幅広く行うことが、現場の心理への配慮不足に気づくための条件になるのである。

それには、自分の目で直接に現場を見、あるいは自分の耳で現場の声を聞く機会を多く持つようにすることが大切であろう。すべてを自分自身で行うのがむつかしければ、自分の分身となるような人たちに現場の声を収集してもらい、現場の観察をしてもらうのである。

もちろん、こうした努力には経営する側のエネルギーと時間をとられるのだが、直接に現場の声を聞き、自分の目で見る機会をつくること自体が、じつは「トップは自分たちの苦労をわかってくれている」と現場が感じられるための機会にもなるというメリットがある。情報をとるという行為を直接行うことは、情報をとられている側にもわかるのである。だからこそ、情報の信頼性も高まるし、現場へのプラスの心理的インパクトも高まる。

しかし、直接の情報には限りがある。その先は自分で想像しなければならない。それが、現場想像力である。現場の小さな観察、現場についての小さな声から、その先に広がる現場の実態を想像する力は、現場の心理への配慮不足への対策として有効なだけでなく、多くの経営者にとって現場の人々に動いてもらうための手配りを考える際に必須となる。その想像力を日頃から鍛え、知らず知らずに無茶へと境界線を越えてしまわないように使うのである。

こうして「無茶の背後の三つの誤り」を避けるための手だてを書いてみると、身もフタもない感がある。ある意味で、当然のことだと多くの人が思うことだからである。しかし、それができていないことが案外と多い。

その背後には、慢心やあせりという経営する側の心理的状況があることが多いのだろう。まさに、柳井の述懐通りである。したがって、そうした経営者自身の心理的状況の「甘さ」を警戒することが、「無理と無茶の境界線」のじつはもっとも大切な条件かもしれない。

こうして無茶にならないための条件や注意事項をくわしく書くと、無茶はかなり徹底してなくすべきものと読者は思うかもしれない。しかし、本当にそうだろうか。最後に、やや逆説的だが、無茶を「なくそうとしない」経営の大切さについて考えてみよう。それが終章の役割である。

終　章

無茶もたまにあった方がいい

経営は
無理をせよ、
無茶はするな

境界線での学び

前にも書いたように、無理と無茶の境界線は事前にくっきり見えるわけではない。だから、どちらにも間違う。前章では、境界線を軽んじることによって起きるマイナスを中心に考えたが、たしかに境界線は軽んじてはいけない。境界線を軽んじると、無理をやろうとしてもどこまでが無理で済むかがわからなくなり、結果として無茶になってしまう。

しかし、境界線をこわがってもいけない。境界線をこわがってしまうと、無茶の領域へ踏み込むことを警戒して、無理すらしなくなる危険がかなりあるからである。言い換えれば、無茶をすべてなくそうと思うと、無理もしなくなる。

そうなると、適切な無理をあえてするということが少なくなり、無意識に危険がなく保守的なラインの内側に入ろうとしてしまう。そんな姿勢が、本来はリスクを冒しているはずのスタートアップ関連の企業やそこへ投資する人たちにすら、今の日本では見られる。そんな嘆きをスタートアップを振興したいと願っている政府関係者から聞いたことがある。銀行員タイプが多すぎるというのである。

彼らも、意識して「大丈夫なラインの内側に」と思っているわけではないだろう。無茶をしてはいけないと思うと、ついつい無理もしなくなっているのである。多くの人間の性というべきかもしれない。しかしそれでは、本末転倒なのである。

したがって、意識的に強調すべきは、無理をきちんとやり遂げる努力、そして無理の範囲に最終結果を抑え込む努力である。無茶の境界線を越えて致命的な失敗にならないように注意はした上で、しかし無茶になるかもしれない大きな目標に挑戦し、それを無理の範囲に抑え込むのである。

しかし、そうしたスタンスで経営すると、ときには無茶の失敗も出てきてしまうだろう。無理の範囲に抑え込む努力をしても、なお境界線を越えて失敗するケースである。だが、その失敗から学ぶことも多いはずである。その学びを将来に生かせばいい。

その学びの一つは、無理と無茶の境界線についての学びであろう。どこまでは行けるか、どこからがやりすぎになるのか、という感覚の学びといってもいい。その学びは、境界線を越える経験（つまり無茶の失敗）をしなければ、得られない。したがって、無茶を避けようとばかりしているとその境界線の学びが得られず、無理への挑戦をどこまでしていいのかがわかることはないのである。

前章で、ユニクロの柳井の「失敗の哲学」を紹介した。再掲すれば、次の言葉である。

失敗には次につながる成功の芽が潜んでいるものだ。したがって、実行しながら考

えて、修正していけばよい。……失敗の経験は身につく学習効果として財産になる

つまり、失敗の哲学とは、失敗からの学習の哲学なのである。それも、限界線を経験した上での学習である。その学習は、その先の新たな無理への挑戦を成功させるプラス材料になり得る。

そうした「限界線からの学習」が可能になるためには、無理をきちんとやり遂げようとする努力が重要である。そうした努力があった上で、不幸にも境界線を無茶の方へと越えてしまったときに、限界線の学習ができる。あるいは、境界線を無茶の方へ越えずに済んだ場合でも（つまりオーバーエクステンションが成功に終わったときも）、限界線がどこかの学習はできる可能性がある。簡単に「あれは無茶だった」とすぐにあきらめるようでは、限界線の経験はできないのである。

無理をきちんとやり遂げる努力

無理をきちんとやり遂げようとする努力とは、ただ懸命にもがくということではない。オーバーエクステンションの基本論理を守り、プロセスマネジメントをきちんと行った上でなんとか無理の範囲内に結果を落とし込めないかを考えるということである。

そのための努力として何が必要かについて、この本でこれまで展開してきたオーバーエクステンションに関するさまざまな論理がヒントになるだろう。

オーバーエクステンションの基本論理（第3章）からそのヒントを得ようとすれば、次の三つの基本論理をきちんと実現しようとすることが、無理をきちんとやり遂げる努力の基礎であろう。

(1) 夢からのエネルギー供給の論理
(2) 緊張からの現場学習の論理
(3) 覚悟からの意識集中の論理

夢からのエネルギー供給の論理とは、オーバーエクステンションの到達点が持っている夢が、それを実現したいというモチベーションを大きくする論理である。この夢が供給してくれる心理的エネルギーをうまく活用するような経営の努力をさまざまに行うことが、無理をきちんとやり遂げようとする努力の基礎になるだろう。

緊張からの現場学習の論理は、もっと大切だろう。現場学習が、とくに限界線の学習でなくても、無理をして現場がさまざまな仕事をするプロセスで人々に学習の機会を与えている。その機会をうまく使うような現場の仕掛けや配慮があるかどうか。

覚悟からの意識集中の論理も、同じように無理をやり遂げる努力の工夫のベースになるだろう。覚悟を現場が持つように、その覚悟が現場の意識集中につながるように、そうした工夫がさまざまに行われて初めて、無理をやり遂げるところまで現場が動くであろう。

第3章で説明したオーバーエクステンションの波及効果をきちんと考えることもまた、無理をやり遂げる努力の大切な一部となるだろう。

波及効果には、能力的波及効果と心理的波及効果があった。オーバーエクステンションをやっている事業・仕事だけでなく、オーバーエクステンションの実行と成功が他の事業や仕事にもたらす能力基盤面と心理面でのインパクトこそがオーバーエクステンションの最終的な狙いであることはしばしばある。そのとき、狙いを実現できるような工夫が多く行われることが、無理をやり遂げる努力の重要な部分となるのである。

第4章のオーバーエクステンションのプロセスマネジメントでは、四つの段階のプロセスマネジメントがあることを指摘した。オーバーエクステンションへの助走、踏み切り、学習、やり切るという四段階である。この四段階の中で、「無理をきちんとやり遂げる努力」へのヒントがとくに多いのは、学習のマネジメントとやり切るためのマネジメントであろう。二つのマネジメントでのポイントとして第4章で指摘したことをここでは再掲するだけにとどめたいが、それだけで「無理をきちんとやり遂げる努力」の重要な部分を示唆していることが理解できるだろう。

具体的には、学習のマネジメントでは次の三点である。

・学習内容が豊富な業務は他人に任せない
・前向きの追い打ちをかける
・学習加速へのさまざまな圧力装置を工夫する

また、やり切るためのマネジメントについて第4章で指摘したのは、次の三点である。

・夢を語り続け、本気の背中を見せ続ける
・退路を断つ
・赤字（苦境）に耐える体力の確保

いずれも、簡単なこととは思われない。だが、こうした「無理をきちんとやり遂げる努力」が、無理を成功させるためにも、最後は無茶で終わるときでもそこからの学習、とくに限界線の学習のためにも必要なのである。

無茶がたまにあることは、むしろ健全

私はこの本の序章を「無理をせよ、無茶はするな」というタイトルで始めた。

もちろん、無茶が多くなれば、組織は崩壊する。財務的にも持たなくなるだろう。しかし、無理と無茶の境界線が事前にはっきりと見えないことを考えると、「無茶をしないようにして、無理もしなくなってしまう」という誤りと、「無理をしようとして、ときに無茶になってしまう」という誤りと、どちらが健全なのかはきちんと考えた方がいい。

私は、無茶が組織としての存続を脅かすほどの大きな無茶でない限り、二番目の誤りの方が組織としては健全だと思う。

無茶がたまにあるのは、無理に挑戦している証拠である。それも、限界を試している証拠である。だから、オーバーエクステンションの大切さを考えると、無茶をなくそうとしてはいけない。無茶もたまにはあってもいい。

無理と無茶の境界線を明確に引くことを狙ってはいけない。無茶の失敗が致命的にならないように注意した上で、無茶になりかねない大きな目標に挑戦し、もし失敗しても、そこからの学びを大切にするのである。無理が無茶になることを防ごうとするのは必要だろ

う。しかし、それは無茶をそもそもなくそうとすることとは違う。まったく違う。したがって、無茶がときに起きることを認めるのが、オーバーエクステンション戦略の基本なのである。

そう私が主張したいもっとも基本的な理由は、無理をすること、オーバーエクステンションに挑戦することが、多くの企業が成長するための基礎メカニズムだと思うからである。それをしなくなってしまうような、保守的なマネジメントはまずい。

さらに、無茶をなくそうとしない経営とは、神の隠す手がどこかで機能していることをきちんと認める経営でもある。無茶を徹底的に排除しようとすると、神の隠す手が機能してくれる可能性をも排除してしまう。それは、第5章で説明したような人類社会の発展の基礎原理を排除することになる。それはもったいない。

だから、オーバーエクステンションの密輸入すらも、温かい目で見た方がいいことが多いだろう。事後的に成果をきびしく問い詰めるのは当然かもしれないが（密輸入の過剰を防ぐためにも）、事前に密輸入の試みをきびしく取り締まらない方がいい。見て見ないフリをして、しかし目に余る密輸入だけを取り締まるのである。

この終章のタイトルとここで述べてきたメッセージは、本のタイトルや序章のタイトル（無理をせよ、無茶はするな）とはほんの少しずれている。その小さなずれに、じつはこの本の基本メッセージの一つがこめられている。

無茶がたまにある方が、むしろ企業成長のためには健全である。その方が、無理に挑戦するようになる。

【参考文献】

・家村浩明『プリウスという夢――トヨタが開けた21世紀の扉』双葉社、１９９９
・碇義朗『ハイブリッドカーの時代――世界初量産車トヨタ「プリウス」開発物語』潮書房光人新社、２００９
・伊丹敬之『経営戦略の論理――ダイナミック適合と不均衡ダイナミズム』（第4版）日本経済新聞出版、２０１２
・伊丹敬之『孫子に経営を読む』日本経済新聞出版、２０１４
・伊丹敬之『漂流する日本企業』東洋経済新報社、２０２３
・小倉昌男『小倉昌男 経営学』日経ＢＰ、１９９９
・金川千尋『危機にこそ、経営者は戦わなければならない！』東洋経済新報社、２０１１
・金川千尋『毎日が自分との戦い――私の実践経営論』日本経済新聞出版、２０１３
・木野龍逸『ハイブリッド』文藝春秋、２００９
・杉本貴司『ユニクロ』日経ＢＰ、２０２４
・ブラッド・ストーン『ジェフ・ベゾス 果てなき野望――アマゾンを創った無敵の奇才経営者』（井口耕二訳）日経ＢＰ、２０１４
・ブラッド・ストーン『ジェフ・ベゾス――発明と急成長をくりかえすアマゾンをいかに生み育てたのか』（井口耕二訳）日経ＢＰ、２０２２
・中馬宏之「テクノロジーとマーケットの複雑性に挑むＪＳＲ――その大いなる変貌要因を探る」経

済産業研究所ディスカッションペーパー№.09－Ｊ－０３３、２００９
・都築幹彦『どん底から生まれた宅急便』日本経済新聞出版、２０１３
・『日経ビジネス』ホームページ、『誰も予想していなかった社長抜てき　セーレン・川田会長の40代』２０２１・８・13
・沼上幹『小倉昌男——成長と進化を続けた論理的ストラテジスト』ＰＨＰ研究所、２０１８
・ジェフ・ベゾス、ウォルター・アイザックソン『Invent & Wander——ジェフ・ベゾス Collected Writings』（関美和訳）ダイヤモンド社
・森健一「日本語ワードプロセッサの研究開発とその社会的影響」本田財団レポート№.１０５、２００３
・森健一、鶴島克明、伊丹敬之『ＭＯＴの達人——現場から技術経営を語る』日本経済新聞出版、２００７
・柳井正『一勝九敗』新潮社、２００６
・山岡淳一郎『逆境を越えて——宅急便の父　小倉昌男伝』ＫＡＤＯＫＡＷＡ、２０１５
・Hirschman, A. O. "*Development Projects Observed*," Brookings Institution, 1967

伊丹敬之（いたみ・ひろゆき）　一橋大学名誉教授

1969年一橋大学大学院商学研究科修士課程修了、
72年カーネギーメロン大学経営大学院博士課程修了（Ph.D.）、
その後一橋大学商学部で教鞭をとり、85年教授。

東京理科大学大学院イノベーション研究科教授、国際大学学長を歴任。

この間スタンフォード大学客員准教授等を務める。

『マネジメント・コントロールの理論』『経営戦略の論理（第4版）』『人本主義企業』

『日本型コーポレートガバナンス』『場の論理とマネジメント』『よき経営者の姿』

『イノベーションを興す』『人間の達人 本田宗一郎』『高度成長を引きずり出した男』

『日本企業は何で食っていくのか』『難題が飛び込む男 土光敏夫』『孫子に経営を読む』

『平成の経営』『直感で発想 論理で検証 哲学で跳躍』『日本企業の復活力』

『中二階の原理』『漂流する日本企業』『経営理念が現場の心に火をつける』など著書多数。

経営は無理をせよ、無茶はするな

オーバーエクステンション戦略のすすめ

2025年2月12日　1版1刷
2025年3月24日　　2刷

著者 ―――― 伊丹敬之 ©Hiroyuki Itami, 2025

発行者 ―――― 中川ヒロミ
発行 ―――― 株式会社日経BP
日本経済新聞出版
発売 ―――― 株式会社日経BPマーケティング
〒105-8308　東京都港区虎ノ門4-3-12

装丁 ―――― 野網雄太（野網デザイン事務所）
DTP ―――― CAPS
印刷・製本 ―――― シナノ印刷

Printed in Japan　ISBN978-4-296-11984-4